思想领航 悟道管理

◎本书编写组 编

南开大学出版社

图书在版编目(CIP)数据

思想领航　悟道管理 / 本书编写组编 . -- 天津：南开大学出版社, 2023.1
　ISBN 978-7-310-06299-7

Ⅰ.①思… Ⅱ.①本… Ⅲ.①电力工业—工业企业管理—天津 Ⅳ.①F426.61

中国版本图书馆CIP数据核字(2022)第 174949 号

版权所有　侵权必究

思想领航　悟道管理
SIXIANG LINGHANG WUDAO GUANLI

南开大学出版社出版发行
出版人：陈　敬
地址：天津市南开区卫津路94号　邮政编码：300071
营销部电话：(022)23508339　营销部传真：(022)23508542
https://nkup.nankai.edu.cn

河北文曲印刷有限公司印刷　全国各地新华书店经销
2023年1月第1版　2023年1月第1次印刷
240×170毫米　16开本　15印张　2插页　212千字
定价：50.00元

如遇图书印装质量问题，请与本社营销部联系调换，电话：(022)23507125

本书编写组

（按照书中文章作者顺序排列）

赵婷婷	耿翠红	张梦瑶	于莹莹	潘萌萌	刘 超
刘宏喆	刘 放	王 坤	辛 元	李采薇	范朕宁
孙晓岚	张 骞	赵剑慧	刘 盛	程欣欣	梁 彬
郭 菲	王敬文	胡致源	杨 光	戚 艳	朱文才
刘 倩	刘 宏	王松波	焦秋良	庞 博	施 文
刘 东	郑君然	郑国星	孙自琨	刘哲然	张 章
辛晓虎	刘汉永	崔迎宾	刘振武	王桂林	何 佳
孙常鹏	郝国隆	孙 阔	曹 帅	鲍 洁	尚博祥

前言

习近平总书记指出,坚持党对国有企业的领导是重大政治原则,必须一以贯之;建立现代企业制度是国有企业改革的方向,也必须一以贯之。中国特色现代国有企业制度,"特"就特在把党的领导融入公司治理各环节,把企业党组织内嵌到公司治理结构之中,明确和落实党组织在公司法人治理结构中的法定地位,做到组织落实、干部到位、职责明确、监督严格。总书记的讲话深刻揭示了新时代国有企业建设的方向与路径,为进一步建设好国有企业提供了根本遵循。

国有企业是中国特色社会主义的重要物质基础和政治基础,是我们党执政兴国的重要支柱和依靠力量。坚持党的领导、加强党的建设,是我国国有企业的光荣传统,是国有企业的"根"和"魂",是我国国有企业的独特优势。在日趋激烈的市场竞争中不断强"根"铸"魂",保持和巩固中国特色现代国有企业制度之"特",一个重要的保障就是在国有企业经营发展中、在生产建设一线中,培养一批又一批忠诚、干净、担当的高质量专业化的国有企业干部员工队伍。

从必然性的角度说,国有企业培养又红又专的人,既是坚持党对国有企业的领导这个重大政治原则的要求,同时也是保证党和人民的事业后继有人、让时代新人能够创出新的伟业的必然要求。让人欣慰的是,长期以来特别是党的十八大以来,包括国家电网天市津电力公司在内的一批国有企业开展了一系列的干部员工培养工作,取得了不俗的成绩。特别是"青马工程"的实施,更是在干部员工培养的深度、准度、高度上实现了新的突破。"青马工程"部分学员已经并将继续成为国有企业各个岗位上的骨干尖兵,就是这个工作成效的最好写照。

从可行性的角度说,习近平新时代中国特色社会主义思想是当代中国马克思主义、21世纪马克思主义,它科学揭示了共产党执政规律、社会主义建设规律和人类社会发展规律,具有理论上的彻底性。用习近平新时代中国特色社会主义思想武装头脑、指导实践,既符合马克思主义的一般原理要求,更符合中国特色社会主义发展的实际要求。因此我们说,有理论武装的要求,有科学理论的指导,让理论武装变得更加可行。有一大批深谙党的基本理论特别是马克思主义中国化最新理论成果,并能够准确把握和全面应用到实际工作之中的干部员工队伍,是实现党对国有企业领导的基础。科学的理论,也要通过武装人的头脑被人掌握才能转化为改造世界的物质力量。因此我们要进行系统性的理论学习,进而打造一支理论素质高、驾驭理论能力强的干部员工队伍,助力国有企业完成使命责任。

必然性和可行性,决定了"青马工程"的成功前提,但一个更为重要的条件是,"青马工程"的学员们要实现"学""悟""用"的结合。从基础素质来说,"青马工程"的学员具备这个能力。国网天津电力党委经过严格的程序,选拔出一批理想信念坚定、能力素质突出的青年骨干,利用一段较长的时间,通过理论培训、实践锻炼、日常跟踪等全方位的培养,使他们比较系统地学习和掌握习近平新时代中国特色社会主义思想,成为具有忠诚的政治品格、浓厚的家国情怀、扎实的理论功底、突出的能力素质,忠恕任事、人品服众的青年政治骨干。从作用发挥的角度来说,这批骨干不能仅限于当"学员"而已。作为学员,他们是被教育者;而在日常工作之中,他们又是教育者。作为骨干,他们要发挥引领作用,要辐射带动身边人,做思想工作。因此对他们的要求不能停留在"学习了"这个层面上，而是要学有所悟，悟有所用，学会把理论知识与工作实际结合，这样才能够发挥"青马工程"几何级影响的积极作用。因此，学员们必须学会讲道理。在今后的工作中，要把大道理讲透，小道理讲清，把歪道理驳倒，给大家奉献的理论大餐既"好看"，也"好吃"。做人的思想工作，要说服，而不是压服，正所谓"势服人，心不然；理服人，方无言"。要做到这一点，"青马工程"的学员们在思想深度上、表达能力上，还要付出比一般培训班学员更为艰辛的努力。

这种努力在于，他们要认真地学透思想。习近平新时代中国特色社会主义思想具有主题鲜明、内容丰富、思想深邃、博大精深的完整的科学理论体系，同时它是一个开放发展的体系，需要紧跟着学、及时学；又要全面学、重点学。实践的发展须臾离不开理论的指导。青马学员要切实把学习掌握发展着的马克思主义中国化最新理论成果当作义不容辞的责任，当作一种自然的生活方式。唯有从这种自觉出发，才能够发挥学习的能动性、主动性，才能够真正实现科学理论进头脑、进工作、进生活。

这种努力在于，他们要认真地悟透精髓。学理论当然离不开读原著、学原文，离不开对"金句"的诵读，离不开对基本概念内涵和外延的把握。但是学理论的价值更在于"悟原理"。掌握理论的精髓，掌握其中的方法论，从而灵活运用它们提升境界、指导实践，这是理论学习的最大价值。要悟透精髓，需要青马学员们结合各自的经验——这些经验有个体的经验，也有群体的经验；有自身的经验，也有他人的经验；有历史上的经验，也有生产一线的新鲜经验——从经验中体悟到理论规律的适用场域，完成理论指导实践——实践检验理论——理论的体悟升华——实践的再进步这样一个循环。只有在这样的理论与实践的普遍联系之中，才可能实现真正的"悟"。

学透思想也罢，悟透精髓也罢，这种学和悟的成果如果不用一定的形态表达出来，其价值可能就仅仅限于个人的头脑风暴而已。结集出版的这本《思想领航 悟道管理》小书，是青马学员们结合习近平总书记在地方的从政经历，追根溯源学习领悟习近平新时代中国特色社会主义思想这一科学理论的成果。无论他们之前是否正式发表过论文,是否就某一个理论问题进行过深入的思考,并不妨碍他们自选题目,把自己在这次学习中的所学所悟用文字表达出来。每一篇文章的篇幅都不长,最初的考虑是从一个小的场景入手,把学到的思想悟到工作之中。文章不追求表达上的宏大叙事,不追求辞藻上的华丽炫目,而是追求本真。学到了什么、悟到了什么、自己该怎么做,用平实交流谈话的风格表达出来即可。因此,这本书就是我们现在看到的这个样子。无论如何,它都是一个新的尝试,算是一个学习过程的测验。如同学生,一次期中考试成绩的好坏并不能够说明一切,但是却能够大致说明迎接下次大考的起点。起点当然有高有低,但这不妨碍我们在各自的赛道上奋起直追、勇往直前!

序一

国企青年要学会主动成长

摆在我面前的是《思想领航 悟道管理》这本小书稿。我端详着它,感觉既熟悉,又陌生。熟悉的是,本书从构思的萌生到摆在我们面前这个样子,我全程参与了。这3年多来,应国网天津电力党校之邀,我参与了一些教学和科研活动,其中也参与了青年马克思主义者培养工程的教学研讨活动。在这期间,我认识了很多新朋友,对国网天津电力这样的标杆公司有了很多了解,当然我个人的业务能力也在这些实践环节中得到长足的进步。基于此,不可谓不熟。陌生的是,和它的第一稿比较,现在的稿子可谓"面目全非"。与第一次和48位作者见面相比,大家对理论问题的兴趣以及文字基本驾驭能力的增长和提升,在我预料之外。基于此,不可谓不陌生。熟悉也好,陌生也罢,反正它即将付梓了,发自肺腑地说声祝贺是应该的。

实事求是地说,进入新时代以来,国网天津市电力公司抓青年政治骨干的理论教育进入了新的发展阶段。用习近平新时代中国特色社会主义思想武装头脑成为这个阶段理论学习的头等大事,公司青年马克思主义者培养工程又是其中的闪亮名片,几期"青马工程",培养了一批政治坚定、业务过硬的青年干部，他们当中的一些同志已经成长为推动公司发展的中坚力量。国网天津市电力公司在过去几年里所实现的跨越性发展、所取得的标志性成果，这些中坚力量功不可没。事实证明，强化"青马工程"，提升理论武装，担当国企使命，国网天津市电力公司这条路走对了。

让我们把目光移到这本书上。书的篇幅不大，在开始策划的时候就是这样定义的。每篇小文行文的结构要求是：结合板块主题，写我从哪儿要悟点什么，我悟到了什么，我们应该怎么做。试图把大家平时的学习内容、思考内容和在实践中所得的经验统一起来，通过文字展现出来。我所知道的是，国网天津市电力公司几乎全部"青马工程"学员都是理工科出身，且在一线工作，他们的集中学习时间安排在繁忙的上班之外甚至在经常的加班之外。这种专业上的跨度以及角色之间的频繁切换，往往让我这个指导者有意无意地"放松要求"，但是管理者们的高标准坚持和"青马工程"学员们不厌其烦地修改文稿，让我推翻了先入为主的判断。好的稿子是磨出来的。经过几轮的修改、调整，展现给大家的就是这个样子。有如亲生的孩子，不管长得美丑，自己总是最心疼。我相信每一位作者都有共同的体会。

可是我想说的不仅仅是上面的话。我还想以我接近知天命的年纪"倚老卖老"一次，就是推心置腹地跟国网天津市电力公司的"青马工程"学员们说句话，那就是：国企青年要学会主动成长。国企特别是骨干国企，它所肩负的使命不仅仅是实现一系列的经济指标，更重要的是主动成为中国特色社会主义的重要物质基础和政治基础，主动成为我们党执政兴国的重要支柱和依靠力量。同样，国企干部职工队伍是我们党在经济领域中的骨干队伍，国有企业担负着为国家培养人才、输送人才的历史重责。在实现中华民族伟大复兴的历史进程中，国企不可能缺席，国企青年更不能缺席，唯有主动成长，回应时代召唤，发扬主动精神，奉献时代伟业。国企青年骨干唯有加倍努力，系统全面深入地学习马克思主义中国化最新理论成果，掌握当代中国马克思主义、21世纪马克思主义这个思想武器，坚持以人民为中心的价值立场，坚持群众路线，坚持以时不我待的紧迫感给自己加压，让自己快速成长为党信得过、人民靠得住的骨干力量,才能以更加昂扬的姿态参与、见证中华民族伟大复兴的历史进程,才能够在全面建成社会主义现代化强国之时,有资格欣慰地说,这个时代,我奋斗过,无怨无悔。

以上数语,兼介绍与感慨,权当序了。

蓝海

南开大学马克思主义学院副教授

序二

思想旗帜领航向 奋发有为书新篇

3年前,我有缘与国网天津电力党校结识。当时举办"青马工程"培训班,我荣幸受邀做第一讲。3年来,因为讲学以及参与一些课题的评审等工作,与"青马工程"学员们有了更多的接触,对他们的工作和日常的努力有了更多的了解,对这一群朝气蓬勃努力工作又能笃定方向奋力前行的年轻人多了几分赞许甚至羡慕。今天,最近一期"青马工程"学员的阶段性研究论文结集成册出版,这是他们坚持理论学习、坚持把理论与具体实践相结合、坚持学思践悟的成果。我乐见其成,并为此写出下面的文字,与大家共勉,且作为序。

继续加强理论武装,特别是用马克思主义中国化最新理论成果武装头脑。在新时代,加强理论武装,最主要的就是要持续学懂弄通做实习近平新时代中国特色社会主义思想。党的十八大以来,以习近平同志为主要代表的中国共产党人以伟大的历史主动精神、巨大的政治勇气、强烈的责任担当,深刻把握当今国内外形势变化和我国各项事业发展新需要,统筹国内国际两个大局,坚持把马克思主义基本原理同中国具体实际相结合、同中华优秀传统文化相结合，从新的实践出发，以全新的视野深化对共产党执政规律、社会主义建设规律、人类社会发展规律的认识，进行艰辛理论探索，取得重大理论创新成果，创立了习近平新时代中国特色社会主义思想。党的十九大把习近平新时代中国特色社会主义思想确立为党必须长期坚持的指导思想。党的十九届六中全会把确立习近平新时代中国特色社会主义思想的指导地位写入《中共中央关于党的百年奋斗重大成就和历史经验的决议》，反映了全党全军全国各族人民的共同心愿，表明了习近平新时代中国特色社会主义思想对推进中华民族伟大复兴历史进程具有决定性意义。习近平新时代中国特色社会主义思想是当代中国马克思主义、21世纪马克思主义，是中华文化和中国精神的时代精华，实现了马克思主义中国化新的飞跃。我们必须主动学习贯彻习近平新时代中国特色社会主义思想，真正实现思想入脑入心，自觉把它当作实现中华民族伟大复兴的强大思想武器。

坚持用正确思想指导实践。马克思主义不是教条，而是认识世界、改造世界的强大思想力量。把握时代跳动脉搏，紧扣时代之问，回答人民之期盼，在实践创造中展示思想的力量，是马克思主义理论家和实践家的使命，也是青年一代在理论学习中应该把握的精髓。习近平新时代中国特色社会主义思想紧扣实现中华民族伟大复兴主题，深刻把握所处历史方位和奋斗目标，就实现民族复兴的领导力量、目标任务、正确方向、价值基点、路径选择、动力保障等方面提出了一系列重大科学论断、重要思想观点，并以高度的理论自信、宽阔的人类视野照亮了人类前途命运。在习近平新时代中国特色社会主义思想指引下，我国经济建设、政治建设、文化建设、社会建设、生态文明建设取得历史性成就，发生历史性变革。同时，我国积极参与全球治理，深入推动构建人类命运共同体，为世界和平与发展提供中国方案，贡献中国力量。党的十八大以来的伟大成就，无不彰显了习近平新时代中国特色社会主义思想的真理力量。坚持用正确思想指导实践，就是要求学懂弄通习近平新时代中国特色社会主义思想，重在落实上下功夫。要切实做到学、思、用贯通，知、信、行统一，更加准确、主动把学习成效转化为推动实际工作的强大力量,去战胜新征程上一个又一个可以预料和难以预料的风险和挑战!

　　思想旗帜领航向,奋发有为书新篇!党的事业需要一代又一代共产党人的接续奋斗。年轻干部作为推动党和国家事业发展的新生力量,在新时代新征程上要勇挑重担、可堪大用。在祝贺此书出版之余,谨希望"青马工程"的年轻学员们始终不忘初心、牢记使命,牢记"国之大者",发扬历史主动精神,奋发有为、埋头苦干、勇毅前行!

万希平
中共天津市委党校教授
天津市中国特色社会主义理论体系研究中心研究员

目录

▶▶ 凝心篇

讲好故事是凝心聚力的好办法 / 003

用好统战法宝,促进企业高质量发展 / 008

分层用好红色资源 靶向发力做好企业员工思想工作 / 013

提升思想政治教育的针对性和说服力 / 017

榜样教育:有力支撑企业高质量管理 / 021

提升群众工作的力度和温度 / 026

正确认识思想政治工作的长期性、基础性 / 030

实现"双碳"目标需要发扬斗争精神 / 035

▶▶ 战略篇

强化提升企业战略管理能力 / 043

企业战略目标制定的相关要素 / 048

化整为零的目标分解智慧 / 053

企业发展中的"智"与"志" / 057
机制建设要注意的几个问题 / 061
统筹兼顾要学会十指弹琴 / 066
谈谈基层管理者主观能动性的调动 / 070
强化战略评估是提升战略管理质量的好方法 / 075
管理工作要善于用"情商" / 079
运用精准思维解决问题的几点认识 / 084

▶▶ 担当篇

调查研究是做好工作的一项基本功 / 091
坚持实事求是是企业管理的关键所在 / 095
抓反腐倡廉建设如何做到系统施治 / 099
要学会摸着石头过河 / 103
扛起企业科技创新责任 / 107
做一名长期主义者 / 112
如何做到保持定力 / 117
提升服务认知水平，筑牢优质服务基石 / 121
以久久为功的韧劲推动企业高质量发展 / 125
强化责任担当，提升管理者素质 / 129

▶▶ 人才篇

坚持国有企业正确用人导向 / 135
在企业发展中坚持精准科学识人选人 / 138
帮助青年员工扣好"第一粒扣子" / 141
青年员工更要抓廉洁教育 / 145

国企育才要坚持需求导向 / 149

新时代国有企业干部要注重差异化培养 / 153

加强国企年轻干部培养的"田间管理" / 157

学习和实践是走向未来的两个利器 / 162

新时代国企青年职工主人翁意识的再造 / 166

"双向激励"促"担当作为" / 171

▶▶发展篇

科技创新的"关键四招" / 177

开放是企业发展的关键一招 / 181

生产安全是企业发展的基石 / 185

把纪律规矩挺起来 保障企业健康发展 / 190

企业管理者要有系统思维 / 194

坚持"稳中求进"破解发展难题 / 198

以钉钉子精神抓落实 / 203

善于倾听是一种管理智慧 / 207

调查研究要以问题为导向 / 211

数字化转型助力企业提质增效 / 214

▶▶后记

凝心篇

▶▶导言

习近平总书记指出,要坚持立德树人、以文化人,建设社会主义精神文明、培育和践行社会主义核心价值观,提高人民思想觉悟、道德水准、文明素养,培养能够担当民族复兴大任的时代新人。在新时代,党的思想政治工作是指解决人的思想、观念、政治立场问题,提高人们思想觉悟的工作。思想政治工作是经济工作和其他一切工作的生命线。这个判断对于国有企业而言意义重大。国有企业要做好思想政治工作,就要在掌握思想政治工作一般规律的基础上,深入研究把握国有企业思想政治工作的特殊性。思想政治工作是做人的工作,人是社会的人,是变化的人,是活生生的人,也是思想形态各异的人。思想政治工作一定要从现存的活生生的处于各种社会关系之中的人的实际出发,从各种纷繁复杂的现象之中去把握思想政治工作的主题和主线,才能够做到"对症下药""药到病除"。本篇内容从不同角度探讨了关涉思想政治工作的几个问题,有的宏观一些,有的微观一些,无论如何,都是有益的尝试。

\凝\心\篇\

讲好故事是凝心聚力的好办法

习近平总书记善于用生动的事例阐明道理,通过深入浅出、有的放矢、循循善诱的方式,让人们从故事中悟道、明理、入行,找到精神的共通点、思想的共享点、情感的共鸣点。习近平总书记在纪念红军长征胜利80周年大会上的重要讲话中讲述了"半条被子"的温暖故事。"半条被子"让人民群众认识了共产党为了谁打天下,因而把党当成自己人。正因有了人民群众的真心支持和拥护,我们党才能走过辉煌历程,取得伟大成就。"半条被子"的故事,就是党和人民鱼水情深的真实写照,包裹着中国共产党人为人民谋幸福的初心。为了这个初心,我们党无论面临多大的挑战和压力,无论付出多大牺牲和代价,都要全心全意为人民过上好日子而奋斗不止。[①]

通过对习近平总书记如何讲好中国故事方式方法的学习,我发现讲故事是做好宣传思想工作的强有力武器之一,因为只要有人的地方,就可以讲故事;故事讲得有道理,就能吸引人。讲对一个好故事,能使人们自然而然地融入相同的社会文化氛围中,形成凝心聚力的强大合力。

---

① 《总书记讲述的中国故事|"半条被子的温暖"》,《广州日报》2021年6月7日。

在实现第二个百年奋斗目标的新征程上,我们要讲好中国故事、讲好企业发展故事,这对激励干部群众凝心聚力投身国家高质量发展,有着重要的推动和引领作用,讲好故事更能营造强信心、暖人心、聚民心的舆论氛围。结合实际讲好企业故事,可以让员工的归属感和责任感倍增,自觉维护企业形象,进一步提升干部员工干事创业的凝聚力、战斗力和向心力。

一要用故事加强企业理论宣传。以"事"载"理",以"事"明"理",深入浅出地将说事、道理、情感有机地结合在一起,让员工在听故事中晓理明理,更好地引导和激励员工。

古人说,"文者,贯道之器也"。文字的深处是哲理,故事的精髓是思想。习近平总书记讲故事经常古为今用,援引寓言传说、神话故事和历史事件,把历史巧妙地引入现实,希望人们从中汲取营养。他用刘邦创作《大风歌》、明成祖号令"天子守国门"等题材,提醒领导干部必须勇于担当;他以枚乘《七发》要言妙道让人"霍然病已"、《左传》三命而俯让人懂得敬畏,说明共产党如何守住为政之本。这些故事,无不引人深思、发人深省。[①]从这些通俗易懂,寓意深远的故事中,笔者领略总书记讲话的艺术,感悟到每一个故事都鞭辟入里、入木三分。

讲故事是将企业历史文化、价值观念记录传承得最好、最有效的方式之一,是增强企业软实力的重要载体。在企业宣传中,学典型,见行动,歌颂企业精神、传承企业文化,激励鞭策了一代代企业员工。讲好企业故事,提升企业品牌价值,就是要讲好创新、创业、尽责的企业家的故事;就是要讲好精益求精、锐意创新的工匠故事;就是要讲好典型模范先进人物的故事,讲好普通员工身边的平凡故事。[②]

把企业改革发展的故事讲好,把职员幸福美好的生活讲好,就是要在故事中让深奥的道理通俗化,把抽象的理论具象化,既有哲理思辨,又有现实

---

① 杨振武:《习近平是讲好中国故事的典范》,《人民日报》2017年6月16日。
② 吴艳茹:《讲好企业故事,让思想政治教育走脑入心》,参考网,2020年9月16日。

关照,让员工从故事中提升获得感、激发团队活力,更让员工感悟鲜活的"企业发展道路",让"小故事"折射大道理、大主题,将企业理念价值、发展策略等融入故事中,在潜移默化中让员工认同并向着目标努力拼搏。

二要以典型人物先进事迹为动能,生动鲜活讲好企业故事。融入真实经历,让员工从故事中学习,受到故事启发,从故事中找到似曾相识的自己。

习近平总书记讲故事的特色之一是将"自己"融入"中国故事"里。他在访问华盛顿、伦敦时都讲述过自己插队的经历,用以小见大的方式饱含真情地讲述自己的人生经历、生活爱好等,深深地打动了国外友人。[①]我们也要学习习近平总书记这种讲故事的方法,以情动人、以理服人。讲故事的大忌是虚构情节、编造故事。因为"讲故事"不是"大忽悠"。讲故事不是讲虚假的故事,也不是讲骗人的故事。对企业而言,就是用艺术的语言、鲜活的事例把企业理念、发展目标和工作业绩说给人听。而人是企业最为基础也最为宝贵的财富,企业的故事要注重以员工为中心,探寻、挖掘、传播好身边员工平凡故事中的闪光点,增强企业员工的获得感、价值感、认同感。

讲故事要善于运用榜样的素材。对国有企业来说,榜样是企业发展无形的精神基础,是企业兴旺的重要精神支柱和前进动力。以楷模精神为引领打造先进典型"头雁"队伍,是国网天津市电力公司探索企业人心智模式和行为模式的典型经验结果,更是优秀员工典型故事传播的有益探索。作为企业的新闻宣传人员,这些年我们通过深入基层一线挖掘先进榜样人物的事迹,用事实、数据、典型说话,用文字、声音、画面呈现,生动讲述了"时代楷模""改革先锋"张黎明、"中国好人"王娅、全国劳动模范黄旭等重大先进典型个人和群体的故事。员工们听了对身边典型人、典型事的讲述,触动最深,教育引领作用特别明显。

讲好故事要立足听众的需要。2019年,"时代楷模""改革先锋"张黎明宣讲团奔赴全国多个省市宣讲,在全国范围内掀起了向张黎明同志学习的

---

① 董晓彤:《习近平是怎样讲好中国故事的?》,中国日报网,2017年4月28日。

热潮。作为宣讲团成员之一,本人以记者的视角,针对不同的受众讲述张黎明的成长经历,多年扎根一线立足岗位、干事创业等多维度的感人故事,语言与形象相结合,寓深刻道理于生动形象,寓生动形象于优美语言,引人入胜、启人入道,激荡着聆听者的心。因此,面对不同对象讲故事,我们不能用一种声音、一个腔调,要增强受众意识,适应分众化、差异化传播趋势,让故事入脑入心、成风化人。

三要利用传播平台和主流媒体讲好企业故事,塑造积极向上企业氛围。

新时代的国有企业坚定文化自信,以推动社会主义文化繁荣兴盛为引领,以树立企业品牌形象为己任,充分利用各类传播平台和主流媒体讲好自己的故事,让企业故事成为精彩的中国故事。

习近平总书记指出,在实践创造中进行文化创造,在历史进步中实现文化进步。唱响新时代企业发展主旋律,不仅要完善坚持正确导向的舆论引导工作机制,更要通过主流媒体、新兴媒体等平台,提高新闻舆论传播力、引导力、影响力、公信力,巩固壮大主流思想舆论,让好声音成为最强音。作为央企,国家电网的品牌形象深入人心,如何进一步讲好国网故事,获得更广泛的知名度和美誉度,思想宣传工作就需要在实践中不断创造和进步,需要深入思考和实践如何"去专业化",把枯燥的电网工作翻译成社会百姓感兴趣的生动故事。

国家电网突破以往注重"短平快"的新闻传播方式,以系列节目达到"立体深入"宣传效果的思路,与央视中文国际频道名牌栏目《走遍中国》共同策划并联合摄制国家电网系列节目。国家电网《走遍中国》系列节目从科普视角全面介绍中国国家金名片——国家电网,以国际领先的特高压输电技术、全球最大智能电网、清洁能源的开发利用、极致环境下的电网巡护、电为百姓生产生活带来的巨变等为主要内容,讲述了国家电网人如何在短短十几年时间里,让中国从一个追随者变成领跑者、中国标准如何变身世界标准的故事。从国家外宣战略看,由央视唯一中文外宣频道解读国家电网,并在一百多个国家播出,对于塑造和输出国家电网乃至中国形象的重大意义不言而喻。因此,企业要高度重视传播途径的发展创新,提高舆论传播力、引导力、影响力和公信力,通过讲好企业故事,凝聚企业员工向心力,塑造积极向上的企业氛围。

习近平总书记为"讲好中国故事"树立了典范。顺应新形势、新要求,我们要深入研究新时代企业宣传思想工作的特点和规律,用心用情讲好企业故事,不断创新实践,下大力气出精品,创新宣传思路和传播模式,推进国际传播能力建设,打造具备广泛传播力、时代影响力的好作品,使思想政治教育更生动、更灵活、更接地气,全面凝聚发展合力,把更多的企业故事讲成精彩的中国故事,为塑造国家品牌,展现真实、立体、全面的中国,推动社会主义文化繁荣兴盛添砖加瓦。

评 论

讲好故事是现代管理者应具有的一种本领,讲好故事的目的是讲好道理,讲好道理的目的是教育人、激励人,从而起到弘扬正确价值观、有力批判错误观点的作用。习近平总书记特别擅长讲好故事,在他的讲话中、著作中,讲好故事的例子有很多。我们应该认真研读习近平总书记的著作,学习他讲故事的能力与方法,用以指导我们做好各种教育宣传工作。在本文中,作者做了一些有益的尝试,不一定说得非常完满,但是每位读者都应该能够体会到作者的思想历程。

思想领航 悟道管理

用好统战法宝,促进企业高质量发展

习近平总书记指出:"在革命、建设、改革各个历史时期,我们党始终把统一战线和统战工作摆在全党工作的重要位置,努力团结一切可以团结的力量、调动一切可以调动的积极因素,为党和人民事业不断发展营造了十分有利的条件。"[1]如今,伴随着国内国外局面以及当前中国共产党所处的历史环境的巨大变化,做好统战工作的重要性和必要性更加凸显。

国有企业作为国民经济发展的中坚力量,同时也是中国特色社会主义的重要物质基础和政治基础。据统计,国有企业中汇聚着相当数量的统战成员。从总体上讲,他们的文化素养较高、实践经验丰富,因此能否最大程度地调动他们的积极性、激发他们的主人翁意识,对于国有企业凝聚人心、改革发展有着重要的影响。那么,国有企业应该怎么做好统战工作呢?

首先,强化政治引领,提高统战干部的思想认识。思想是行动的先导,有什么样的思想就有什么样的行动,而统战干部作为开展统战工作的主体,其思想认识直接影响着统战工作质效。1988年6月,在习近平同志刚刚调到宁德工作时,这个地区还较为贫穷,且对于统战工作没有形成统一的认识,

---

[1] 习近平:《在2015年中央统战工作会议上的讲话》,央广网,2015年5月21日。

部分统战干部甚至认为共产党没有必要去发展民主党派。针对此情况,习近平同志俯身走到人民群众当中,开始进行广泛的调研,在全面掌握当地形势的基础上,对统战干部提出要建设和发展好闽东,就必须要重视统战工作,以调动各界人士积极性的要求。习近平同志对统战工作的高度重视,极大地激发了当地统战干部的干劲,在不长的时间内,第一个民主党派组织,也就是民盟的地区委员会在宁德地区宣告成立,这在很大程度上基于统战干部对统战工作的高度重视。

目前,国有企业中还存在着部分统战干部缺乏对统战工作的理解和思考,甚至对哪些人属于统战对象都不明确的问题。那么,出现这些问题的根源在哪里呢?说到底还是思想认识不到位。而习近平同志注重思想引导的做法给我们提供了很好的借鉴。对此,我认为国有企业党组织首先要通过调查研究,全面了解企业以及统战干部、统战成员的整体情况,分析目前形势给统战工作带来的机遇和挑战,并研究相应的对策,进而通过召开座谈会、举办培训班等形式,带动统战干部认真学习《中国共产党统一战线工作条例》,深刻理解习近平总书记有关如何加强以及提升统战工作质效的思路和意见,进而提升统战干部对当前统战工作重点任务的把握,加强思想引导,彻底解决"思想上不重视"的问题。所谓"思想掌握一切,思想改变一切"[1],思想意识提升了,工作质效自然也就上来了。

其次,强化机制建设,发挥制度管理的激励功能。俗话说"没有规矩不成方圆",统战工作要想取得实效,同样需要制度的支撑和保障。在宁德工作期间,习近平同志先后主持建立并实施了多项统战工作制度,例如定期对民主党派知识分子进行走访、领导班子与民主党派组织挂钩等等。尤其是在他担任福建省委副书记期间,习近平同志创新提出可以以联席会议的方式部署统战工作,这一提议一经实施,困扰大家已久的诸如部门间互相推诿扯皮、重复布置工作等多项问题迎刃而解,统战工作质效明显提升。

---

[1] 李凯城:《向毛泽东学管理》,当代中国出版社,2010年,第22页。

习近平同志注重和善于结合实际情况,因地制宜制定务实管用的制度来解决问题的管理方法,同样值得我们思考和学习。具体到国有企业统战工作上,针对目前普遍存在的比如统战成员对统战工作不了解、建言献策无回应以及部门间协同联动程度低等问题,我认为同样需要制定相应的机制进行支撑。一是建立常态化学习机制。牢牢把握大团结大联合的主题,定期编发统战成员学习参考,以座谈交流、专家辅导等方式对统战成员开展政治理论方面的教育培训,及时将党的理论创新成果及方针政策传达至统战成员。同时,用好展板展厅、网站专栏、微信公众号等宣传媒体,方便统战成员随时随地学、及时跟进学,推动党的创新理论入脑入心、见行见效,进一步提升统战成员的思想自觉、政治自觉、行动自觉。二是健全沟通协商机制。畅通建言献策渠道,积极引导统战成员聚焦国有企业重点任务,围绕如何推动国有企业高质量发展贡献才智。加强统战成员意见建议反馈管理,做到及时回应、重点落实。以构建"大统战"工作格局为出发点,厘清相关部门统战工作职责,依托联席会议等方式,促进责任压紧压实。三是健全服务机制。用好领导班子党建工作联系点制度,加强与统战成员直接联系,帮助其解决难题、创造条件,架起沟通桥梁。动态更新统战成员台账,深化思想动态调研,全面掌握统战成员思想状况,及时疏通思想堵点,凝聚奋进共识。探索开展统战成员分类管理,实施"知心伙伴"联谊行动,分层级召开统战工作座谈会,倾听统战成员心声,让统战干部真正成为"统战成员之友"。

最后,强化选树建设,发挥先进典型的引路功能。"我们就是要善于向先进典型学习,在一点一滴中完善自己,从小事小节上修炼自己,以自己的实际行动学习先进、保持先进、赶超先进。"[1]习近平同志高度重视先进典型培育以及先进典型辐射带动作用,这也为我们在统战工作中强化先进典型的引路作用提供了指导和遵循。

---

[1] 习近平:《要善于学典型》,载《之江新语》,2013年,第218页。

\凝\心\篇\

结合国有企业实际,我认为主要应从以下三个方面着手。在挖掘先进典型上,我们都知道,典型是从群众中走出来的,他们身上所体现出的干劲、拼劲、钻劲正是这个社会希望人民群众通过自身不懈的努力要达到也能够达到的一种境界,这也是我们大力宣传典型事迹、弘扬典型精神的意义所在。因此,挖掘典型就要走到群众身边,加强调查研究,深挖典型人物和典型事迹,确保典型素质高、能力强。在传播典型事迹上,当下,各类公众号、"学习强国"等APP以及线上直播等成为统战成员主要信息来源。在此基础上,我认为国有企业可以结合实际,辅助讲座、培训、研讨等线下模式,双管齐下、共同发力,进一步提升统战成员的学习效果,形成学习典型、对标典型、争当典型的浓厚氛围,推动国有企业健康向上发展。在凝聚典型力量上,可利用联谊会等方式,为先进典型打造温馨舒适的环境,增强先进典型的获得感和荣誉感,激励典型保持干劲、再立新功。同时要积极搭建沟通交流平台,为统战成员创造机会近距离接触先进典型,面对面"取经",促进统战成员成长成才,为企业发展做出更大贡献。在引导先进典型发挥作用上,要审时度势,灵活调整方式方法,最大程度地发挥先进典型的教育价值,切实将这种引领作用转化为统战成员攻坚克难、砥砺前行的实际动力。

总之,统一战线是长期以来中国共产党取得伟大成就的重要法宝。作为党领导下的国有企业,做好统战工作有利于凝聚人心、汇聚力量,推动国有企业更好更快发展。新形势下,国有企业统战干部要高度重视统战工作,强化思想认识,深入研究统战工作面临的机遇和挑战,瞄准方向、精准施策,奋力开创统战工作新局面,服务国有企业长远可持续发展。

评 论

在我国社会主义制度建立之后,解放生产力和发展生产力成为中心任务。以经济建设为中心,谋求更高质量的发展成为解决其他一切问题的关键。而要实现这个中心任务,需要凝聚人心、汇聚力量。在这个时候,统一战线这个法宝——团结一切可以团结的力量——就要充分发挥应有作用。习近平总书记一贯强调统一战线的重要性,对做好统一战线工作也做了重要论述。如何把习近平总书记的讲话精神和指示要求转化为实实在在的工作成效,这是每一位企业管理者需要认真思考的问题。作者显然进行了相关经验的梳理,并试图在经验和理论之间建立某种联系。我们期待这个工作能够有更为显著的进展。

\凝\心\篇\

分层用好红色资源
靶向发力做好企业员工思想工作

习近平总书记非常注重红色资源的应用。2021年6月,习近平总书记在中共中央政治局第三十一次集体学习时指出:"红色资源是我们党艰辛而辉煌奋斗历程的见证,是最宝贵的精神财富。"[1]红色文化是中华民族的血脉和灵魂。加强红色文化的研究、应用与实践,既是守好重要阵地、赓续红色血脉的创新举措,也是着眼强国复兴伟业、用红色资源做好思想工作的有益探索。

习近平总书记不仅注重红色资源的利用,而且亲自参与挖掘、整理、保护红色资源的工作。在正定工作期间,习近平同志先后几次到高平村调研,并亲自命名高平地道战遗址和高平烈士纪念塔。同时他以县委、县政府的名义立碑置匾[2],保护了很多历史遗迹。在福建,习近平同志高度重视国防教育[3],走村入户看望慰问"革命五老",通过编纂教材、培育典型、宣传推广

---

[1] 习近平:《在中共中央政治局第三十一次集体学习上的讲话》,新华社,2021年6月26日。
[2] 中央党校采访实录编辑室:《习近平在正定》,中共中央党校出版社,2019年,第272页。
[3] 中央党校采访实录编辑室:《习近平在宁德》,中共中央党校出版社,2020年,第201–202页。

等方式传承红色基因。他指导修缮林觉民故居并亲自当讲解员,拨款支持北山革命纪念馆与宁化县博物馆建设。在上海,他多次瞻仰中共一大会址,关心、指导、推动四大纪念馆建设。党的十八大后,习近平总书记在莫斯科出席中共六大纪念馆建馆启动仪式。党的十九大后,做出建设中国共产党历史展览馆的重大决策,亲自谋划、亲自部署、亲自指导,并在庆祝中国共产党成立100周年之际,前往中国共产党历史展览馆参观并重温入党誓词。习近平总书记一以贯之重视红色资源运用,通过他对红色资源运用的实践,我们体悟到,无论是精神文化还是物质传承,只要其内涵思想包含无产阶级的思想理论,或是优良的革命传统,或是高尚的道德品质,都可以作为红色资源加以利用。

首先,用好红色资源,要明确红色资源的类型及特点。红色资源内容丰富,除了可以将红色资源分为物质资源和精神内核两类外,还可以按照不同的标准类型对其进行划分。大型国有企业用红色资源做好员工思想工作,需要界定红色资源的类型和特点,在不同场合应用不同的精神谱系。比如引导员工团结统一,可以应用大庆精神进行激励引导;比如强调克服困难,可以应用长征精神;比如强调开拓创新,可以应用"两弹一星"精神;比如强调领导干部作风,可以应用焦裕禄精神。

其次,用好红色资源,要明确思想教育受众分类。习近平总书记在中央政治局第三十一次集体学习时表示:"每到一地,重温那一段段峥嵘岁月,回顾党一路走过的艰难历程,灵魂都受到一次震撼,精神都受到一次洗礼。"[①]不同的受众人群、同样人群的不同年龄阶段,在接受红色资源思想教育的感触是不同的。

思想工作需要统筹规划、整体部署,更需要重点施策、精准突破。只有我们精准把握住了广大人民群众的需求,才能对症下药、产生实效。在企业

[①] 习近平:《在十九届中央政治局第三十一次集体学习时的讲话》,新华社,2021年6月25日。

中,分层分众用好红色资源,需要明确不同红色文化需求,紧密结合员工类别特征和专业工作特点,对不同类别员工进行"画像",根据不同属性的特点,以及对于红色文化的不同需求,将思想教育受众进行细致划分。在各类受众中重点把握对文化传播起重要作用的关键群体,主要包含领导人员、中层管理人员、班组长、新员工及企业文化工作人员等。

在企业中,用红色资源做好思想工作,要系统梳理现有红色文化传播载体,根据不同类别受众特征,分为领导人员、中层管理人员、班组长、新员工等不同类别,设计"菜单式"传播模式,增强传播效果,进一步做好思想工作。

最后,要"因材施教",对于不同受众采取不同方式。习近平总书记在2021年3月全国革命文物工作会议召开前夕,对革命文物工作做出的重要指示中首次提出"运用好"红色资源。"运用好"和"利用"二者之间颇有区别。"利用"表示借助外部事物或载体的特点,以某种手段达到目的,强调结构化、目的性。而"运用"则是增添更多人文情感,与"利用"相比更强调对事物特性的感知。因此,习近平总书记提出的"运用好"红色资源,更强调根据红色文化的内涵属性,在挖掘其属性、特征、表象等不同特点的基础上灵活使用。要"因材施教",对于不同受众采取不同方式。

推动思想教育工作不断创新,要持续增强其文化性、理论性和精准度。[1]在用红色资源做好思想工作的过程中,要注重分类实施、分层教育,既要整体统筹安排,也要找好基调、找准重点,分专题、分领域展开。强调分众教育,要分清广大人民群众生活地域、受教育程度、接受习惯等不同特性,根据这些特性量体裁衣、对症下药,让人民群众在有趣味性、有针对性、有吸引力的思政课堂中接受思想教育。同时,在思想教育中要注重分时,针对春节、端午、二十四节气等中华传统节日或节点,加强传统文化教育;针对抗战纪念日等重大历史节点,加强革命精神教育,让广大群众接受更加精准、更易于接受的思想教育。

---

[1]《习近平谈治国理政》(第三卷),外文出版社,2020年,第330页。

在笔者所在单位,针对领导人员,结合中心组集体学习研讨、读书班、党建联系点等载体,组织领导班子宣讲红色文化,开展"党组织书记大讲堂"活动,让党组书记利用红色资源讲理论学习收获、讲具体工作思路,做红色基因、红色文化建设的优秀带头人。针对中层管理人员,组建"红色文化宣讲团",让党支部书记带头在主题党课、党日等载体活动中宣讲红色文化。针对班组长,开展班组长"红色文化代言"实践案例交流,以案例分享、经验交流、红色基地现场参观相结合的方式,促进互助共进提升。结合班组属性,组织班组长挖掘专业工作与红色文化关联点,提升班组员工对红色文化认知度与感知度,引导员工在实际工作中践行革命精神。针对新员工,开展"新员工绘红色文化"活动,鼓励通过生动有形的书法、绘画等传统手段,软文推广、小视频等新媒体手段,通过培育"指尖上的红色文化",诠释公司企业文化体系、重点任务等内容,赋予文化生命力。丰富演讲比赛、道德讲堂等载体,提升红色文化吸引力、引领力,以优质红色资源,靶向发力做好企业员工思想工作。

评 论

解决人民群众的统一认识问题,主要方法是通过做思想政治工作。做思想政治工作就是帮助他人去除不正确的思想观念,用正确的思想观念取而代之。然而人的思想状态是复杂的,因此说服人的思政工作资源也应该多元化,红色资源就是多元化资源中的重要组成部分。习近平总书记多次强调要用好红色资源来教育人,强调用好"大思政课"。在企业内部统一认识形成合力的思想政治工作中,我们要善于用好红色资源,讲好红色故事,传承红色基因。做到这一点,很重要的基础工作就是研究使用红色资源的规律,掌握工作对象的思想实际、工作基础实际,才能做到规律与实际的结合,才能获得预期效果。

提升思想政治教育的针对性和说服力

2022年4月25日,习近平总书记在中国人民大学考察调研时强调,"青少年思想政治教育是一个接续的过程,要针对青少年成长的不同阶段,有针对性地开展思想政治教育"[1]。这充分说明开展思政教育要全面了解不同受众的差异和诉求,要瞄准思想特点因地制宜、分类施策。

国有企业基层党组织作为生产经营一线的战斗堡垒,直接肩负着对广大党员干部群众进行思想政治教育的重要职责,是正向引导员工的意识形态前沿阵地。当前,受世界百年未有之大变局的影响,国际形势中不稳定因素日益突出,国内环境中挑战与危机并存,疫情防控形势严峻复杂,国有企业体制改革不断深入,部分职工在一定程度上出现了思想波动。然而,有些基层党组织开展思想政治教育还停留在较为粗放的阶段,体现为简单地以政治理论学习、形势任务宣贯等大水漫灌的方式开展思想政治教育,既没有把握新时代思想政治工作的特点和实践要求,也没有瞄准受教育群体的差别和心理变化,思想政治教育的针对性和说服力亟待提升。

---

[1]《习近平在中国人民大学考察时强调 坚持党的领导传承红色基因扎根中国大地走出一条建设中国特色世界一流大学新路》,新华社,2022年4月25日。

思想政治教育是一项针对人的思想动态和心理变化进行正向引导的工作，说起来容易，做起来难。习近平同志青年时代到赵家坪赵家河大队驻点，反复做武刚文的思想工作，最后使其心甘情愿复任生产队长一事，尽显正确思政工作的伟力[①]。因此，想要做好新时代思想政治工作，就要具体问题具体分析，坚持"一把钥匙开一把锁"，针对不同群体，及时深入摸底思想动态、工作需求、生活困难，从而站在他人的角度，以情感共鸣的方式，真正把思想政治工作做到心坎上、防患未然中。

从"锁"入手，摸底掌握思想动态。坚持"一把钥匙开一把锁"，实际上是指正确应用矛盾普遍性和特殊性辩证关系基本原理，用不同的方法解决不同的问题。在思想政治工作中，就要求教育者在开展思想政治教育时，要根据受教育者的不同情况采取不同措施，不能一概而论。思想看不见摸不着，如何全面、客观、真实地掌握思想动态是开展教育的关键所在。电网春秋检、改扩建以及保供电等安全生产任务集中交叠，领导干部、党支部书记、支部委员坚持按专业分管领域、党建工作联系点，全面了解所辖党员职工，基于年龄、民族、学历、成长环境、工作岗位等客观实际，深入站所、班组、生产一线，针对性开展面对面、一对一的谈话，通过情感交流，深入了解输电运检、变电运检、二次检修等专业岗位人员的性格、兴趣、爱好以及心里想什么，特别是运维专业人员倒休期间主要干什么、交往哪些人等。然后，基于了解到的实际情况进行具体分析，深刻把脉党员职工的思想观念、行为方式和精神文化需求等方面的差异，从而抓住思想矛盾的关键，为有效开展思想政治教育做好充分准备。经实践探索，构建形成了定期、定单、定项的"三定"思想动态分析机制，以常态按月或专题调研的方式，及时掌握员工思想波动情况。

从"钥匙"入手，提升思政教育能力。思想政治教育，是教育者帮助引导受教育者将党的创新理论、社会倡导的价值观念，内化为思想认识、情感认

---

① 《习近平的七年知青岁月》，中共中央党校出版社，2020年，第286-290页。

同和实践行动的过程。在这个过程中,除受教育者自身的主观能动性外,教育者的外在教育引导也至关重要。思想政治教育效果直接取决于教育者的引导方式和教育能力,必须坚持教育者先受教育[①]。所谓"打铁必须自身硬",这就要求教育者政治坚定、思想过硬,在日常工作中努力锤炼思政能力和教育本领,不断提升观察力、分析力和判断力,不仅能够及时发现表象问题,而且能够及时察觉思想变化。马克思主义是观察事物变化的认识武器,学习和运用马克思主义方法是思政教育者提升素质本领的关键,自觉将马克思主义内化于心、外化于行,才能在开展思政工作时见微知著,使思想政治教育做到"一把钥匙开一把锁"。党支部书记是基层广大党员职工最直接的教育者,提升其马克思主义理论素养是开展好思政教育的基础。在工作实践中,常态组织开展党支部书记集中轮训、党史知识抽调考,联合高校创新开展送培教学,择优推荐参加"青年马克思主义者培养工程",利用"学习强国"平台开展线上比学,切实以理论学习促进党支部书记素养水平提升,从而充分发挥党支部书记的角色优势。

　　从"实际"入手,着力为职工办实事。做好思想政治教育,既要遵守原则又要讲究人情,以解决实际问题作为思政工作的突破口。当年,习近平同志在梁家河当村支书,为改善村民生活提出要办沼气池时,一度受到反对和质疑。习近平通过多方努力建成第一口沼气池,真正为大家解决缺柴烧的问题,让大家看到事实,从而顺理成章做通了村民的思想工作[②]。由此可见,在难点、堵点、痛点、焦点等问题上,要多一些换位思考,学会站在不同职工的角度,从不同职工的立场出发,想人所想、急人所急,真正在情感上思想上理解他们,把难事急事变成好事实事,从而使思想政治教育更好地贴近职工、走进心里。在日常学习工作和生活中,注重在评优评先落选、工作岗位调整、受到党政处理、出现家庭矛盾、发生倾向性问题等时刻,开展一对一谈心

---

① 陈文新:《教育者先受教》,解放军报,2020年12月23日。
② 《习近平的七年知青岁月》,中共中央党校出版社,2020年,第220页。

谈话,针对职工不同情况对症下药,防止引发情绪波动,在满足职工岗位晋升、合理合规诉求等个性化需求中,让思想政治教育受欢迎易接受。特别是紧跟疫情防控形势,加大对基层一线的心理疏导,关心解决核酸筛查、工作安排等问题,积极帮助解决实际困难。

思想政治工作是我们党的优良传统和政治优势,更是新时代广大党员群众经受住各种风浪和考验的"生命线"。开展思想政治工作要因事而化、因时而进、因势而新[①],时刻关注国内外发展形势,结合实际情况改善提升思想政治工作方法,创新思想教育载体、激活思想教育形式,不断提升"一把钥匙开一把锁"的思想政治教育能力和成效。

评 论

思想政治教育本质上是做人的工作,而人是现实生活中活生生的人,这决定了思想政治教育存在对象的复杂性和多样性问题,解决这个问题的办法之一,就是提高思想政治教育工作的针对性。习近平总书记对做好思想政治教育工作有诸多重要论述,值得我们在工作中领悟和运用。要提高针对性,就得"一把钥匙开一把锁",不能千人一面,更不能幻想有一把"万能钥匙"能开任意的锁。要做到这一点,首先需要了解锁的结构和类型,即了解工作对象的基本面。了解这个基本面,首先要掌握思想政治工作的基本方法,遵循基本规律;其次要根据锁的结构和类型,配好钥匙;最后就是要在适当的时机开锁。作者在这方面进行过一番思考,指出了问题关键所在,这些思考的成果还是很有见地的。

---

① 《习近平在全国高校思想政治工作会议上发表重要讲话》,新华社,2016年12月9日。

榜样教育：有力支撑企业高质量管理

习近平总书记高度重视榜样教育的作用，他指出："伟大时代呼唤伟大精神，崇高事业需要榜样引领。"[①]这道出了榜样具有强大的引领性、号召力和影响力。他也多次强调"见贤思齐"的重要性，指出榜样的力量是无穷的。[②]党的十八大以来，榜样模范如雨后春笋般不断涌现，榜样引领作用被融入实现中国梦的不懈奋斗中。"道德模范""身边好人""时代楷模""改革先锋""人民英雄""共和国勋章"等，熠熠生辉的名字和闪闪发光的勋章汇聚起新时代榜样的力量，感召着各条战线上的干部职工奋进新征程、建功新时代。国家发展需要榜样引领，旗帜对标，国有企业也不例外。在实现第二个百年奋斗目标新征程上，国有企业更应主动抓好榜样教育这一关键要素，充分挖掘和培养榜样人物并发挥他们的正向作用，让他们成为引领企业发展、教育干部职工的旗帜和航标。

从人才管理来看，榜样教育能树立创先争优的奋斗标杆。习近平总书记指出："要树立强烈的人才意识，寻觅人才求贤若渴，发现人才如获至宝，

[①]《习近平谈治国理政》（第一卷），外文出版社，2018年，第159页。
[②]《习近平谈治国理政》（第一卷），外文出版社，2018年，第183页。

举荐人才不拘一格,使用人才各尽其能。"①我们在企业管理中,也要重视人才,善用人才。人才难能可贵,贵在不仅人才本身能创造价值,关键还在于选树人才(榜样)能树立起奋斗的标杆,榜样引领和典型示范能激发起众人争先的动力。习近平同志在正定任职时,曾编制"人才九条"战略,倡导"走出去,请进来",面向全国招贤纳士,带领正定走出发展困局,开拓新出路。习近平同志在浙江任职时发起向"为民好书记"郑九万同志的学习活动,引发了农村基层干部群众热烈反响,大批能人志士受到感召,纷纷效仿投身到新农村建设中来,加快推进了浙江省乃至全国新农村建设工作。

　　对于企业来说,人才是核心资源,是企业蓬勃发展的生命力。人才管理的关键是"选、用、育、留",其中每个环节都紧密相连。作为企业管理者,我们将企业榜样作为中间连动的齿轮,可让人才管理"动"起来。首先企业典型选树是关键,企业要结合发展期盼和要求推选榜样,要坚持因事选人而非因人设事,企业所处发展阶段不同、发展目标不同,推选的榜样也可不同,要坚持榜样从群众中来,到群众中去,推选出的榜样要工作能力与道德品质兼具,做到"知行合一",这样推选出的"榜样"才有实际意义。其次是要以先进典型培育为平台,让广大职工在这个以典型培育为抓手,推动学先进争当先进的平台上充分施展才华,争先恐后成为平台的主角。作为企业管理者,在榜样教育上要坚持先进"传帮带",充分发挥榜样激励、示范和引导的作用,重点给予员工练本领、快成长的磨炼机会,在磨炼中激发干事创业热情。企业员工有动力、能成长,有进步、能留下,企业人才管理实现"闭环"。因此,要善用榜样教育推动人才高质量管理。

　　从环境管理来看,榜样教育能营造奋发向上的良好环境。习近平总书记强调:"环境好,则人才聚、事业兴;环境不好,则人才散、事业衰。"②古语云"良禽择木而栖",对于现代社会而言,所谓"木"指的就是环境。鲁迅先生也

---

① 《习近平谈治国理政》(第一卷),外文出版社,2018年,第420页。
② 《习近平谈治国理政》(第一卷),外文出版社,2018年,第61页。

曾说"譬如想有乔木,想看好花,一定要有好土。"这生动形象地描述了人才与环境的关系。由此可见,环境对人才和事业的发展至关重要。习近平同志在宁德任职期间曾汇编《滴水集》,该书以71个典型人物和先进集体事迹为载体,充分讲述榜样的引领作用,弘扬艰苦奋斗精神,推动闽东形成克服困难干事创业的良好风气,进而推动闽东地区加快发展,人民脱贫致富。在依托榜样营造拼搏奋斗的环境基础上,领导干部对榜样的爱惜和尊崇更进一步营造了识才、爱才、敬才、用才的良好环境。习近平总书记一向求贤若渴、礼贤下士。在浙江任省委书记期间,他曾驱车6小时探望郑九万。习近平同志以身示范、躬行实践,敬一人而千万人悦,充分说明了"人材者,求之则愈出,置之则愈匮"的道理,给我们营造良好的人才环境提供了典范。

子曰:"其身正,不令而行;其身不正,虽令不从。"在企业中,企业管理者是员工首要的学习榜样,管理者是否以身作则、率先垂范是影响企业内部环境的关键。与此同时,企业管理者不仅要冲在前、干在先,更要练就火眼金睛、见微知著,善于用榜样的力量来改善内部环境。管理者对榜样的尊崇认可,是对榜样最好的宣传,企业员工则对榜样更有认同感,对企业更有归属感。员工身处"好"的环境,更容易被激发工作热情,更容易被激励战斗性,更容易凝聚起来高效率地工作,达到1+1>2的凝聚效应,从而实现企业高质量发展纵深推进,提高企业竞争力和整体价值。反之,如果企业对内部工作环境不重视或者是失控,员工积极性无法调动从而失去奋斗动力,企业缺乏凝聚力成为一盘散沙,长久持续会使企业步履维艰,错失发展良机,阻碍企业繁荣兴盛发展。

从长远发展来看,榜样教育能有效支撑构建企业价值体系。习近平总书记指出:"用一贤人则群贤毕至,见贤思齐就蔚然成风。选什么人就是风向标,就有什么样的干部作风,乃至就有什么样的党风。"[1]这指明了榜样对于价值体系的支撑和构建具有重要意义。无论身在何处,习近平同志始终

---

[1]《习近平谈治国理政》(第一卷),外文出版社,2018年,第418页。

以焦裕禄为榜样，将焦裕禄精神视为拼搏奋斗的指引明灯。党的十八大以后，习近平总书记更是大力推动学习和弘扬焦裕禄精神，进一步构建拓展中国共产党人的精神谱系。由点及面，由典型到普及，通过用典型、树典型，构建统一的价值体系，有助于社会和谐稳定，有助于国家长治久安。

对于企业而言，企业价值体系是为获取成功而作出的价值取向，是员工所接受的理念共识，是一个企业的核心竞争力。企业所推举出来的"榜样"一定是企业价值体系的人格化和生动体现，榜样也将为企业价值体系的构建和弘扬提供坚实的"臂膀"。在企业宣传推广中，贴近群众、接地气是非常重要的，高高在上的宣传，可能会让员工对榜样产生距离感，从而抗拒榜样。如果员工对榜样不认同，产生抗拒心理，何谈向榜样学习？因此榜样宣传推广要坚持实事求是、脚踏实地的原则。在宣传手段上，可以开展多角度、多层次的宣传活动，例如榜样交流座谈、宣传海报张贴、先进事迹视频展播、公司纪念庆典等，还可以开展"我与榜样面对面""榜样就在我身边"等主题演讲和征文比赛等，不断提高员工们学先进、争当先进的热情，持续传递薪火相传的正能量，逐步营造"发现榜样、学习榜样、争做榜样"的浓厚氛围，从而更加生动形象地支撑和进一步弘扬企业价值体系，使企业能够长久发展，永久经营。

近年来，国网天津电力始终坚持榜样引领，充分发挥"时代楷模""改革先锋"张黎明、"劳动模范""国网工匠"黄旭等一批典型的引领作用，通过建立劳模工作室、劳模讲堂等方式，打造出"个体先进"到"群体先进"的发展新局面。作为公司基层青年员工，受益于公司典型榜样的共享平台，可以近距离接触先进模范和专业带头人，设身处地感受榜样辈出、拼搏奋斗的良好环境，更加坚定与企业同奋斗、实现自我价值的决心，专业技术和综合素质水平得到有效提升。作为亲历者，笔者深刻感受到榜样教育所带来的影响和变化。榜样随处可在，"三人行，必有我师焉"说的就是这个道理，只要善用榜样力量，无论是学习生活还是干事创业必将有新的变化。

榜样是看得见的哲理,典型是鲜活的价值引领。[①]一个榜样就是一个奋斗的标杆,一个典型就能铸就一片精神的高地,榜样指引前行,感召奋发向上。大到国家的管理,小到企业的发展,从个体先进带动到群体先进的培育,榜样教育可作为推动管理实现高质量发展的有效支撑。在新时代的伟大征程中,我们每个人都要学习榜样、对标榜样,养成见贤思齐的思想自觉,形成向上向善的奋斗力量,勇于突破实现自我价值,努力创造无愧于自己、无愧于企业、无愧于国家的伟大业绩。

评 语

成语见贤思齐,强调的是榜样有力量,同时还强调要用好榜样的力量。榜样充满时代性,不同的时代,会有不同的榜样。但是真正的榜样能够经受得起时间的洗刷,而其形象愈加高大。榜样体现时代精神的精华,是人类最高贵品质的浓缩。我们党在革命、建设和改革的各个时期,都善于运用榜样的力量号召群众、组织群众、引领群众,从而形成磅礴的伟大力量,创造出无愧于时代的骄绩。党的十八大以来,在习近平总书记亲自谋划指挥下,围绕新时代这个新的历史方位选树了一大批榜样。用好这些榜样,是一个极为重要的现实问题。作者结合过去若干年富有成效的做法,总结出了若干条颇有特色的经验,这些经验中所包含的一般道理,应该对读者有启发作用。

---

① 李洪兴:《学先进 赶先进(今日谈)》,人民日报,2022年05月02日。

提升群众工作的力度和温度

2019年7月9日,习近平总书记在中央和国家机关党的建设工作会议上明确提出,做好群众工作,是我们党的一项很重要的看家本领。我们党自成立之日起,就是依靠做群众工作发展壮大。在我们党今后长期执政的历史进程中,同样要继续依靠做好群众工作,来不断强化执政基础,增强执政力量。我们党的历史,从某一个角度来看,是一部党团结群众、发动群众、服务群众,最终成就党和人民伟大事业的奋斗史。

群众工作是一切业务工作的基础。群众工作的根本目的在于凝心聚力,发挥正面导向作用,弘扬正气,持续营造一个正面的、积极的为了共同的目标而努力的意识环境,最终为团结一致开展业务工作奠定坚实的思想基础。浇花浇根、育人育心,有了扎实的"根"和团结的"心",才能最大程度发挥集体的智慧和力量,为共同的目标而努力奋斗。对一个团队、集体来说,正面的、高效的群众工作,可以给业务工作带来事半功倍的效果。要高效地开展群众工作、管理工作,浇好"根"、育好"心",就要做到力度和温度并存,要有方方正正的规矩,遵章守制、有棱有角,也要有团结互助的精神,吴越同舟、同德同心。

群众工作要有力度。无规矩不成方圆,群众工作要有力度,就要有方方正正的规矩。对一个团队、一个集体来说,力度就是奖惩分明、令行禁止的规章制度,就是统一目标、统一思想、统一行动和严肃纪律。没有这些,团队就是一盘散沙,日常工作中各自为战,缺少目标和方向,重大决策上群龙无首、缺骨少筋。

1988年,习近平同志任宁德地委书记。他到任后第一件工作,就是整治部分干部违法占地、私自建房的问题,开展并完成了对全市干部违建的"清房"行动①。立规矩、树章法,坚决地遏制了干部官员脱离群众搞特殊的想法念头,一把尺子量到底,展现了党和人民群众永远站在一起的决心,维护了党和政府在广大人民群众心目中的形象。在福州任市委书记期间,习近平同志对时任其秘书的陈承茂同志通知机关事务管理局维修其宿舍电灯的情况,进行了严厉的批评教育②,要陈承茂同志时时刻刻做到遵规守纪,摒弃一切特权思想,谦虚谨慎做人做事。严格约束身边人,是习近平总书记群众工作下力度的另一个特点,不论亲属、不分远近,对自身提要求,给身边人立规矩。

国有企业在开展群众工作过程中,也要时刻把控好管理的力度,在企业管理的方方面面,都要画好红线、底线、高压线。通过定期廉政谈话、反腐警示教育等形式,打造不敢腐、不能腐、不想腐的廉洁反腐环境;通过安全约谈、四不两直检查、业务和安全齐抓共管等管理手段,确保安全生产红线意识入脑入心;通过节点管控、过程考核等手段,强化业务工作结果导向。用铁的纪律和铁的制度打造电力铁军队伍,对不同业务部门、不同工作层级的电力员工,实现具体业务有分工、工作任务有差异,但基本原则一致,底线标准相同,营造正面、积极、健康的群众工作的基础环境。

---

① 中央党校采访实录编辑室:《习近平在宁德》,中共中央党校出版社,2020年,第34页。

② 中央党校采访实录编辑室:《习近平在福州》,中共中央党校出版社,2020年,第247页。

群众工作还要有温度。群众工作要有方方正正的规矩,但又不能只有规矩、只有制度,也要有暖人心的温度,要有团结互助的精神,吴越同舟、同德同心。日常生活、工作中非原则性问题的处理,不能只有刚性,还要有柔性。对工作中出现的非主观原因的、首次出现的错误和问题,要明确"做事就可能会犯错",以包容和教育代替问责和考核,保护好同志们的工作积极性和热情,最终做到让干事的同志暖心,担事的同志放心。在工作之外,对同志们的生活状况也要适当地关心、关注,工作中是战友、生活中做朋友。

习近平总书记做群众工作时,总是带着宜人的温度,总是能把工作做到群众心里去。他在厦门市任职时,有一次去下辖同安县调研,每到一个地方,都与大家一起坐小板凳,用和群众一样的黑茶杯喝茶[1],和群众保持零距离接触,群众看在眼里,暖在心里。带温度的群众工作,就要从和群众坐一样的小板凳、喝同一个茶碗的茶做起。习近平同志在福州任市委书记期间,除了定期按组织程序要求与获得提拔的干部谈话之外,还会不定期地和市里所有的正处级以上干部交流,其中也包括一些犯错误和退休的同志[2]。退休的干部能感受到"人走茶不凉",退休的失落感也就相应减轻了。犯错的干部能认识到组织还是很重视自己,没有抛弃自己,在未来的时间里,会以更加积极、端正的态度处理各项工作。这种管理模式,体现了群众工作不挑三拣四、团结同志不落下一人,最大限度地凝心聚力、统一思想,为具体业务工作的开展凝聚合力。

国有企业在开展群众工作过程中,也要注意提升管理的温度,做到刚柔并济。通过持续不懈的反"四风",打破各业务层级之间的隔阂,做到领导带头干、带头担、带头办,消除群众可能存在的不满情绪,真正实现"从群众中来,到群众中去";通过单身公寓住宿保障、职工中心建设等措施,提升员工

---

[1] 中央党校采访实录编辑室:《习近平在厦门》,中共中央党校出版社,2020年,第155页。

[2] 中央党校采访实录编辑室:《习近平在福州》,中共中央党校出版社,2020年,第148页。

个人的生活幸福感和企业认同感;通过不定期组织迎端午活动、庆"五四"等活动,将不同部门、不同专业的员工凝聚起来,构建部门之间、专业之间良性沟通的桥梁。最终,打造跨专业之间、跨部门之间、跨公司之间彼此支持、互相补台,共同为集体目标献言献策、携手奋斗的大好环境。

"民惟邦本,本固邦宁",人民群众是一个国家的根本,只有根本稳固了,国家才会安宁。好的思政工作、群众工作是团结人民的重要方法,是一切团队业务工作高效开展的根本保障。群众工作本身又是一门艺术,像我们的国画,既有巍山高耸,又有流水延绵,也像我们的文字,有力度、有刚性、有横平竖直的风骨,也有温度、有柔和,有撇捺飞扬的血脉。

最终,一切的思政工作,还是要回归到具体的业务工作中去,打好了思想和意识的"地基",是为了更高效、更高质地建造社会主义的大厦。2021年,在我们党成立100周年之时,第一个百年奋斗目标如期实现了。在向着第二个百年奋斗目标行进的路上,我们携手前行。

评 论

习近平总书记是做群众工作的典范。他不论在何处任职,都把做好群众工作当作"国之大者",这也是他得到人民群众衷心拥护爱戴的原因之一。在做企业管理工作中,要赢得更多职工的支持和拥护,要让更多的人感受到政策的公平和温暖,就要不断提高群众工作的力度和温度。力度指的是贯彻原则的彻底性,温度指的是工作中带着感情与群众打成一片,言谈举止都与群众推心置腹,交心交情。这就要求我们一方面坚持原则性,在原则问题上不动摇、不含糊、不偏袒;但是在具体工作方法上,要多做换位思考、讲群众听得懂的话,做群众看得明白的事,多帮助群众解决其他相关的实际问题。应该怎么做相对好理解,实际怎么做,则有待实践的检验。作者已经把这个问题提出,这对于促进更深层次的思考不无裨益。

思想领航 悟道管理

正确认识思想政治工作的长期性、基础性

在2016年召开的全国国有企业党的建设工作会议上,习近平总书记强调,"要把思想政治工作,作为企业党组织一项经常性、基础性工作来抓"[1]。做好做实思想政治工作一直是我党的优秀传统、显著特色和突出的政治优势,是做好各项业务工作的根本保证。

我对这项工作的理解是,干任何事情,只有思想统一、立场正确,才可以把广大干部和群众凝聚在一起,形成最大的合力,才能把工作开展好、把群众服务好,从而更好地推动经济社会发展。国有企业既要认识到思想政治工作的重要性和紧迫性,更要认识到它的经常性和基础性。国有企业要把思想政治工作做好,首先要端正思想,这是干好工作的前提,是提高创造力、助力企业和谐发展的保证;其次要坚持以人为本,把工作中的痛点难点作为开展思政工作的重点,把抓人心、聚人心作为工作中心,把人的积极性充分调动起来,激发出员工的工作热情。可以说,开展好思政工作,同样是企业其他工作的生命线。

---

[1] 习近平:《在全国国有企业党的建设工作会议上的讲话》,新华网,2016年10月10日。

国有企业的发展要紧紧依靠全体国企员工。要调动全体员工的积极性主动性，就得做好思想政治这个做"人"的工作。企业要实现永续发展，不断实现每一个阶段目标，就得把思想政治工作做到"常"和"长"。

一方面，"常"强调的是要把思想政治工作作为企业的经常性工作。

首先经常了解职工的思想动态，确实掌握职工所思所想。影响职工思想动态的因素是多样而且多变的。社会思潮、国内外政治经济军事形势、家庭发生较大的变化、职工岗位变动，乃至于职工人际关系的处理等事情都可能引起其情绪波动，进而可能影响到思想动态。管理者要通过多层级渠道或者通过亲自谈话来了解掌握这些信息。在我所属的工作群体中，人员不多，因此我主要通过非正式的谈话来了解职工的思想动态。比如谈论公司的新政策、某个社会热点问题，或者谈论热播电视剧、某类作品等小问题，激发大家谈话的兴趣，进而打开话匣子，无所不谈。这样可以掌握一些涉及思想动态的要素，为有的放矢做好思政工作打下基础。

其次要真心理解和关心职工。每一个工作对象情况都不尽相同。比如职工们参加工作时间长短不一，学历结构差别大，薪资水平参差不齐，岗位责任大小不一。因此在同一外部因素作用下，每个职工的反应以及由此带来的思想波动也不尽相同，个人诉求也不尽相同。我的理解是，从职工的实际出发，做好换位思考，找出其关切问题的合理合情一面，也要帮其分析目前可能不具备解决和实现其诉求的一面，不急于否定任何职工的任何想法，而是帮其做好分析，提出实现路径的建议。这样做，职工才能感受到被理解和被关心，才能产生强大的信任感、信赖感，才能把思想政治工作者当成自己人，正所谓"亲之而信之"。在这个基础上做思想工作，就会事半功倍。

最后，要坚持把思想问题和实际问题结合起来。如果只是搞表面文章、摆摆样子，只会动嘴皮子，就算有花哨的形式、诚恳的态度、高明的演技，员工也不会买账，反而会在心中产生逆反心理。只有把好事办实，把实事办好，才能获得员工的认可。如果说了解思想动态、理解和关心职工体现的是工作作风和工作态度,那么解决实际问题就是出实招,见真章。我的体会是,要把实际问题归纳为普遍问题和个性问题加以对待。职工的工作环境、休息条件、基本的福利待遇,都应该随着企业的发展而得到进一步的改善、提升。这是普遍问题,普遍问题要通过面上解决,即要通过对企业领导决策层积极建言的方式来解决。个性问题如个人的学习进步、岗位调整、发展困境乃至于婚恋问题,要积极协调各种资源,创造条件逐步帮助解决。思想政治工作者的威信既要通过讲道理来体现,也要通过办实事来体现。

另一方面,"长"强调的是要把思想政治工作作为企业的基础性工作。

首先,"长"体现在思想政治工作的制度性安排上。制度是刚性的、管长远的。制度是实现思想政治工作"有法可依"的前提。企业的各个管理层,从总公司到班组,都要主动把思想政治工作纳入全盘工作之中,在企业章程、制度建设、机制建设等方面都要体现思想政治元素,做到思想政治工作和其他各项工作同步策划、同步部署、同步实施、同步验收。制度安排还体现在思想政治工作制度自成体系的方面。思想政治工作有其规律,只有遵循其规律的制度才是"良法"。建立和不断完善这些制度,实现它们之间的耦合,形成合力,才能取得实际效果。

其次,"长"体现在思想政治工作队伍建设上要坚持长期主义。思想政治工作是做人的工作,是靠人做的工作。如果没有一支素质过硬、作风优良、水平高超的思想政治工作队伍,是很难做好工作的。鉴于国有企业的性质,思想政治队伍建设应该坚持专兼职结合的办法进行,越到基层,越强调岗位的复合性。每一位管理干部、技术干部都要把自己培养成为善于做思想政治工作的人。教育者先受教育,思想政治工作者先过思想政治关。对各类管理干部、技术干部人员进行考核时,要体现并提高思想政治工作应有的权重。在实践中一些单位对思想政治工作采取一票否决的办法,可以给予充分地吸收和借鉴。

最后,"长"体现在思想政治工作产生长效上。思想政治工作不是简单的"灭火",思想政治工作人员不是简单的"消防员",思想政治工作要着眼于长效,着眼于防患于未然,着眼于消除"火灾隐患",着眼于让每个人都建立起思想领域的"防火墙"。因此,要特别强化理想信念教育。只有理念信念保持坚定,才会使政治立场正确、政治方向明确。要进一步严肃党内政治生活,把"三会一课"的各项要求落实到位,规范开好组织生活会,使党员的党性教育和道德修养得到不断加强,为广大党员树立正确的世界观、人生观、价值观,思想基础打得更实,思想防线筑得更牢,进一步夯实理想信念根基。要开展先进典型教育,充分发挥先进典型的示范效应,用典型的力量带动人、教育人、引导人。

长期以来,国网天津电力多措并举,切实把思想政治工作作为长期性、基础性工作来抓。通过组建专职思想政治队伍,不断研究探索思想政治工作方式方法,在全体员工中常态化开展思想教育,将不同级别、不同岗位的员工分类分层,结合各自的实际工作需要,做到精准施策,确保教育入脑入心。把思想政治工作作为每年新入职员工的第一课,传播宣贯政治理论知识和企业文化理念,在入职之初把好员工思想关。在工作开展中将思想政治工作与专业工作同部署、同规划、同检查、同考核,落实思想政治工作责任制,不断锤炼一批政治素养硬、专业水平高的职工队伍。同时利用多种形式载体,开展多类型、多形式的先进典型选树工作,以身边的具体事迹影响身边的员工,以"个体先进"带动"群体先进",锻造出一支保障社会稳定、助力经济发展的电力铁军!

当前,我们正处于许多新的伟大斗争历史节点,也面临着一系列重大风险与挑战。只有抓好思想政治这个长期性、基础性工作,把党建设得更加坚强、更加有力,持续将自我革命进行到底,才能推动中国特色社会主义事业行稳致远。在以习近平同志为核心的党中央坚强领导下,全体党员干部,特别是广大国企员工,必须加强思想建设,以踔厉奋发、笃行不怠的奋斗姿态,为推进新时代党的建设、共同构建中国特色主义贡献自己的力量!

评论

　　思想政治工作是一项极端重要的工作。习近平总书记高度重视思想政治工作,他对如何做好新时代思想政治工作提出一系列重要论述。这些都是我们思政工作人员应该深刻领悟并贯彻到实际工作中的根本遵循。但凡一个集体,如果要汇聚磅礴的力量,杜绝一盘散沙局面,就要做思想政治工作,让大多数人对基本理念产生认同。时代在变化、任务在变化、人在变化,因此思想政治工作的长期性和基础性更凸显重要。企业该怎么做,作者在思考的基础上给出了参考答案。这个参考答案是否具有普适性,相信读者会有自己的判断,我们共同的愿望是,这样以及类似这样的思考应永远没有句号。

实现"双碳"目标需要发扬斗争精神

2020年9月22日,在第七十五届联合国大会上,习近平总书记郑重宣布,我国二氧化碳排放将力争在2030年前达到峰值,努力争取2060年前实现碳中和。①全球碳中和是一项极其复杂艰巨的系统工程。目前全世界已有120多个国家确立了碳中和的发展目标,为全球在21世纪中叶实现碳中和、落实《联合国气候变化框架公约》及《巴黎协定》奠定了坚实基础。这是全人类团结起来与自然斗争、与困难斗争、与自我斗争的经典案例。我们这一代青年生逢伟大时代,搏击于新时代的伟大斗争之中,是推动国家"3060"战略的主力军,要在干事创业中发扬斗争精神,推进伟大事业。

一、斗争精神是什么

2007年,习近平同志在上海工作期间,在众多繁杂的工作中面临着这样一个难题,宝钢集团是上海乃至全国规模最大的钢铁企业之一,它在带动经济发展的同时也显露着传统钢铁企业的弊端——严重的环境污染,当时坊间流传着这样一句话:"宝山人民真是苦,一天要吃三两土。"习近平同志在

---

① 《习近平在第七十五届联合国大会一般性辩论上的讲话》,新华网,2020年9月22日。

考察宝钢集团后,下定决心要带领宝钢集团进行转型。于是宝钢集团开始了大刀阔斧的改革,产业结构优化、裁撤污染企业、发展高端金属加工和钢材贸易结合,建设高端生态商务区、国际邮轮港,扩建淞沪抗战纪念公园和长滩①……习近平同志带领宝钢集团实现转型,正是面对"硬骨头"时,体现出的斗争精神。勇于直面矛盾,要有逢山开路、遇水架桥的精神,在战胜困难和自我提升中赢得主动,有利于我们克服骄气、惰气、暮气,提升朝气、正气、锐气,提高驾驭风险的能力。敢于承担责任,是一种宝贵的政治品格和精神境界,看准了的事情敢于拿出勇气,不瞻前顾后、不畏手畏脚、不逃避责任,以责任坚强自我、以责任激发潜能、以责任展示能力。善于解决问题,是对责任担当的挑战,更是对能力素质的考验,要坚持问题导向,聚焦主要矛盾,深入调查研究,敢于动真碰硬,经常总结反思,方能在风险挑战中练就解决问题的本领。

二、为什么说实现"双碳"目标要发扬斗争精神

习近平同志自从政之日起,凡到百姓家中,总会尝尝井里的水、摸摸炕上的被褥、看看灶上的锅台。他始终坚定执政为民的目标和信念,将对百姓的情,化成最重的承诺、最硬的措施、最大的投入。而我们在立下"双碳"目标时,便是对全国乃至全世界人民许下了庄严的承诺,况且目前距离实现碳中和目标仍存在减排目标差距大、传统发展路径依赖强、缺乏系统性方案及全球合作不足等现实困难,锚定斗争的方向,就显得尤为重要了。减排目标差距大。当前全球碳排放持续增长,全球碳预算加速耗竭,应对气候危机的窗口期只有十余年,实现《巴黎协定》温控目标,即各国尽早实现碳达峰、碳中和。碳预算加速消耗,2018年全球温室气体排放量为587亿吨二氧化碳当量,如不采取有力行动,按目前的排放水平,全球碳预算将在十年内用尽。窗口期稍纵即逝,减排代价不断增加,应对气候变化采取的行动越滞后,减

---

① 中央党校采访实录编辑室:《习近平在上海》,中共中央党校出版社,2022年,第251页。

排难度及成本就越大①。传统路径依赖强。目前经济社会发展模式与化石能源耦合性强,延续现有发展模式难以实现二者的解耦。能源基础设施"碳锁定"惯性大,庞大的化石能源基地设施和高碳资产,以及其消费体系基础设施的生命周期较长,一旦建成就会长期排放,碳锁定效应明显。需要打破对化石能源系统的路径依赖,以创新思路和系统方案实现全球碳中和。缺乏系统性方案。实现碳中和已有政治共识,减排技术突破和集成难度大,区域和行业发展不均衡,短中长期目标不协调,缺乏可操作、可实施、可复制的系统性碳中和方案。关键技术尚待突破,行业协同难以实施,碳中和涉及电力、交通、建筑、工业等部门及土地和林业碳汇等多个领域,现行的解决方案多集中在市场机制、技术应用、单个行业,缺乏整体规划,协同难度大。

三、在实现"双碳"目标过程中斗争精神应体现在哪些方面

1982年,习近平刚到正定时,正定是一个名副其实的"高产穷县"。习近平同志坚持农村改革,全面推行包干到户责任制。在两至三年的时间里,他让全县农业总收入翻了近两倍②。斗争策略是斗争经验的深刻总结,年轻干部在把握斗争规律基础上及时调整斗争策略,有利于不断提升斗争实效。电网公司作为能源领域的重要组成部分,更是碳排放的主要领域,电网在未来必将成为能源配置的主要手段。加速电源结构和布局优化,通过分布式、集中式相结合的方式开展风电与太阳能发电,充分利用荒地、盐碱地等劣质资源,降低城市和绿地周边土地附加值,差异化开展开发项目,经济性低、资源条件差的地区滞后开展,综合考虑各项环保指标的要求,刚性管控燃煤与燃气发电,严格控制污染物排放。加快化石能源发电转型,煤电总量将稳步降低,气电主要作为调峰电源,充分发挥化石能源发电的灵活调节和备用保障作用。推进电网运行方式灵活可靠。在电网侧,依托新一代数字技术,探索电力电子和通信技术的进一步融合,实施智能调控和优化管理,实现安全

---

① 《全球碳中和之路》,中国电力出版社,2019年,第455页。
② 中央党校采访实录编辑室:《习近平在正定》,中共中央党校出版社,2019年,第105页。

思想领航 悟道管理

可靠和优化高效运行。在电源侧,新能源在电力系统的接入比例不断提升,需要高效整合处置。在负荷侧,用能模式向源荷互动、多能互补发展,打造以电为中心的综合用能平台,促进配电网从被动、通用、单一化的能源消费模式向主动参与、定制化、融合多种需求的交互模式转变。

四、如何以斗争精神推动双碳目标的实现

时任福建省委、省政府扶贫办副主任曹德淦讲,习近平同志善于抓主要矛盾、抓问题的关键,有种强大的毅力和狠劲。在开展工作的过程中,他从来不会讲批评的话,而是说:"事情怎么样了?我们要不要一起去看一下啊?"态度认真、诚恳、庄重,让人不能不尽快去把工作做好[1]。要抓主要矛盾、抓矛盾的主要方面。实现碳中和就是要抓住能源这个"牛鼻子",加快发电与用电的改革,实施"两个替代"——一方面在能源消费侧实施电能替代,另一方面在能源开发侧实施清洁替代。构建能源互联网是实现经济社会包容性增长和可持续发展的核心关键所在。要根据形势需要,把握好斗争的时机、尺度、效果。当前要实现碳中和当务之急,是推动电能替代在能源消费侧开展。从世界电力能源发展趋势看,近年来电能在终端能源消费中的比重明显上升,社会经济水平与电气化水平成正比。推进第一、第二、第三产业和居民生活的电能替代,从而提高电能在终端能源消费侧的比重,对增加经济产出、提高能源利用效率、提高整体社会效能都是良久之治[2]。要团结一切可以团结的力量。碳中和的目标非某个团队、某个行业甚至某个国家之力能够实现,它涉及电网公司内部协同、电力行业协同、政企协同、能源领域协同甚至国际协同。构建多边的多学科交叉、产学研互动的机制,是实现技术、产业创新发展的重要保障,需要从学科创新、政府推动、成果分享等方面发展,为实现全球碳中和提供重要支撑,方能开启人类绿色低碳、智能永续、开放共享的新时代。

---

[1] 中央党校采访实录编辑室:《习近平在福建》,中共中央党校出版社,2019年,第121页。

[2]《全球碳中和之路》,中国电力出版社,2019年,第334页。

评 论

斗争是处理人与自然、人与人、人与社会乃至于人与自身关系的一种态度和方法。斗争就是不回避矛盾困难,敢于迎难而上,敢于赢得彻底胜利。"双碳"目标是我国党和政府、人民对世界做出的一定要实现的庄严承诺,从某种角度而言,更是我国党和政府构建人类命运共同体的具体体现。中国是人口众多的最大的发展中国家,发展任务如此繁重,实现全面现代化的道路还很漫长,在这个历史时刻提出"双碳"目标,更需要斗争精神。企业和企业的员工如何发扬斗争精神,坚持斗争精神,如何驰而不息为实现国家提出的奋斗目标坚持到底,需要我们企业的管理者认真思考。作者所做的工作,正是在这方面开启了一个新的尝试,从推动企业长远发展的角度看,这个尝试仅仅是个开始。

战略篇

导言

  我们党历来高度重视战略思维。习近平总书记指出,战略问题是一个政党、一个国家的根本性问题。战略上判断得准确,战略上谋划得科学,战略上赢得主动,党和人民事业就大有希望。我们知道,要弄清楚战略问题,首先得有战略思维。战略思维具有目的性、全局性、重点性和长远性四个属性,坚持战略思维,就必须明确目标、把握全局、抓住重点、着眼长远。国有企业在实现高质量发展过程中,不能没有战略思维,不能没有战略思维指导下制定的战略目标,不能没有实现战略目标的各种计划和制度性安排。从某种意义上说,企业更高层次的竞争,是发生在战略思维层面上。抓住战略问题,就能为企业赢得主动,赢得未来,但是这需要对国内外、行业内外的发展趋势有正确的研判和把握。本篇内容主要是围绕企业的战略问题展开,从企业战略管理能力、企业战略目标的制定、目标的分解、实现战略目标的机制体制、统筹兼顾等方面进行了分析,提出自己的见解。尽管有些见解还停留在相对浅的层次上,有些观点还有待商榷,但是良好的开始就是胜利的一半,毕竟这一步已经迈出去了。我们期待着他们的成长,期待着他们能给企业的发展奉献更多的智慧。

\战\略\篇\

强化提升企业战略管理能力

在2017年党的十九大召开的时候,我通过电视直播收看大会盛况,并学习了习近平总书记所作的大会报告。后来又仔细阅读了几遍,至今对报告中提出的"坚持战略思维、创新思维、辩证思维、法治思维、底线思维,科学制定和坚决执行党的路线方针政策"深有感触,习近平总书记提出的思维体系,对于承前启后、继往开来、统筹把握中华民族伟大复兴战略全局和世界百年未有之大变局,不断推动中国特色社会主义新时代蓬勃发展具有十分重要的意义。战略事关长远和全局的问题,具有前瞻性、系统性、辩证性的特点。坚持战略思维,就是主体通过对客体的选择和取舍,形成相对稳定的思维方法、思维习惯、思维倾向和思维模式,指导具体实践。

辩证唯物主义关于运动和静止的辩证关系指出,运动是物质的根本属性和存在方式,运动是绝对的,静止是相对的。在《孙子兵法》中有"兵无常势,水无常形"的论述,也形象地指出运动变化是事物的本质。外部环境瞬息多变,在不断变化的过程中把握未来发展的方向,及时应变不确定因素影响,抓住机遇、迎难而上,是各级管理人员都需要具备的能力要求。企业战略管理能力不是天生就有的,只有基于对历史、对当下现实情况的深刻把握和综合分析,工作中才能有远见卓识,高瞻远瞩。强化企业战略管理能力提升,需要从以下三个方面入手。

一是需要深刻认识历史和当下的现状。

2021年我参加了青年马克思主义者的培训,再一次系统地学习了有关习近平同志从知青一直至上海工作38年时间的青春岁月和成长经历的书籍,这些书籍通过当时同志的采访口述,再现了当年的激情岁月,催人奋进,给人启迪。习近平同志在地方工作期间,始终坚持用战略的眼光思考问题,解决问题。在正定,他创新性提出了"半城郊型"经济的发展路子,正定县自此开展了多种经营,大搞农工商,至今仍保持良好发展态势[1]。在福州期间,习近平同志主持编制了《福州市20年经济社会发展战略设想》[2],"3820"工程突破了当时的思想束缚,以20年的眼光开展科学规划,没有战略思维,怎能有这样的举措?在浙江期间,习近平同志提出"八八策略"[3],其当时已孕育了坚持以人民为中心的发展思想,通过统筹优势,有针对性地制定落地措施,"八八战略"是中国特色社会主义在浙江的生动实践,并引领了未来发展。

提升战略管理能力,需要战略制定者具备全局的视野、超高的站位和宽广的胸怀,各级企业管理人员要提高宏观思考能力,明确时代的要求,把好企业经营发展的方向。现代企业的分工合作模式,使每位员工都是整个企业经营管理上的单一环节,视野和思考受限于专业岗位。我自身从事物资管理工作,在我的工作过程中常常伴随这样的思考,管理的目的是什么?管理的价值在哪里?近年来,受疫情影响和国内外环境变化的冲击,物资管理工作关系到整个供应链的稳定和安全,关系到电力安全生产、电力保供和"六保""六稳"这种促进经济社会发展的保障和支撑。得到这样的认识,是

---

[1] 中央党校采访实录编辑室:《习近平在正定》,中共中央党校出版社,2019年,第4页。

[2] 中央党校采访实录编辑室:《习近平在福建》(上),中共中央党校出版社,2021年,第60页。

[3] 中央党校采访实录编辑室:《习近平在浙江》,中共中央党校出版社,2021年,第3页。

基于对整个国家、社会的系统思考,是坚持战略思维统领全局,跳出专业看专业,跳出企业看企业。物资专业管理的未来和发展,小处着手要保障整个安全生产的物资供应保障,是必要的生产要素;大处而言,是要坚持主动融入国家经济社会发展的大势,才能勇立潮头,践行时代使命。

二是需要分清主次抢抓发展机遇。

战略思维管理不仅需要统揽全局的视野,还需要分而治之的具体问题具体分析,而关键就是要抓住主要矛盾和矛盾的主要方面,有效化解风险与挑战,抢抓发展机遇。中国自古就有"福兮祸所伏,祸兮福所倚"的辩证思想,而在参加青年马克思主义者培养工程之后,我自觉用辩证唯物主义的观点来看待问题,分析问题。辩证唯物主义认为事物的发展是必然的运动,各事物之间都是相互联系和相互作用的,要用发展和联系的眼光思考问题。在上海工作期间,习近平同志着力稳定大局、统一思想、理顺情绪、凝心聚力,抓住了当时发展这一主要矛盾,并带动广大干部群众聚精会神搞建设。实践证明,习近平同志不仅有全局的视野,而且能够在战略的落地和实施过程中有效化解突发的问题风险,同时牢牢把握发展这一根本目标,制定了卓有成效的措施,确保各项工作沿着正确的方向前进[1]。

提升战略思维,需要精益管理,突出主次,督办重点。在内外部形势发生变化、亟待改革创新之时,需要在千头万绪中抓住事关全局的主要问题,并制定切实有效的措施。以我所从事的物资管理工作来说,每年年初要组织召开专业会议,确定一年的工作方向和目标。在后续的管理中,将全年的工作分解落地,按层级划分为公司级重点工作、部门级重点工作、日常工作等,并明确责任人员和完成时限。通过这样的管理方法,不同事项形成了不同的管理策略,轻重缓急,各有措施,最后在公司层面形成经营发展的合力,确保了规划和目标的实现。

---

[1] 中央党校采访实录编辑室:《习近平在上海》,中共中央党校出版社,2021年,第39页。

三是需要统一思想共同为战略目标实现行动。

企业的战略管理能力反映的是全局性、整体性、长期性规划的掌控能力，常见的划分是将其分为战略分析、战略分解、战略实施、战略评估等相关阶段，而战略管理能力的具体体现是充分利用有利因素，科学制定战略措施，开创利于战略目标实现的新局面，并坚定推进既定目标任务的完成。

做好战略管理需要深刻把握事物发展的客观规律，要把客观规律和工作实际相结合，不断开创出利于长远发展的新局面。党的十九届六中全会胜利闭幕之后，我认真学习了习近平总书记在全会上的讲话精神，系统学习了全会审议通过的《中共中央关于党的百年奋斗重大成就和历史经验的决议》。我理解，我们党百年奋斗历史，就是我们党把马克思主义真理同中国革命、建设、改革相结合的历史。我们党紧紧围绕对人类社会发展规律、社会主义建设规律、共产党执政规律的探索、把握和运用，实现一个又一个战略目标，积小胜为大胜，进而朝着总目标奋进。对于十九届六中全会的学习，除了看现场直播外，我还阅读了相关的新闻评论，并聆听公司邀请党校、大学的专家学者进行专题解读。此外，我和同事一起讨论学习，受益匪浅，感慨良多。决议总结提出了"十个坚持"历史经验，深刻揭示了"过去我们为什么能够成功、未来我们怎样才能继续成功"的道理。事实一再证明，符合客观规律的战略管理，一定可以展现出创造新局面、打造新格局的伟力。

提升战略管理能力，需要统一思想，同频共振，开创新局面。2021年以来，为了做好国网天津电力物流智慧服务园区建设，我和我的同事一起谋划园区蓝图，分解园区任务，打造园区建设亮点，并在政策争取、措施制定等方面共同战斗，如今园区从概念到开工建设，再到实现实体观摩，整体的过程就是战略思维的管理过程，从这一过程中我所在物资专业的领导同事大家齐心协力，为自身的发展赢得了主动，为公司开创新的发展局面做出了贡献。

战略管理涉及面广，本文只是学习习近平总书记关于战略管理重要论述的一些收获和体会。今后的学习工作中，我还要主动运用战略管理的思想，帮助企业提质增效，不断实现企业的发展目标。

评 论

　　战略思维是习近平总书记指出的必须坚持的五大思维之首。战略思维不仅在国家建设之中成为必要，而且在各个行业的发展中同样不可或缺。战略事关全局、事关整体、事关长远。没有战略思维，就没有方向，就没有节奏，就没有科学布局，做事情就容易盲目跟风，拓展事业容易东一榔头西一棒槌，这样做就可能会给我们的事业带来不可估量的损失。但是战略思维的养成却非一日之功，需要从哲学角度进行思考，需要实事求是地做好分析研判，并在实践中不断调整优化。作者在研读习近平总书记重要论述的基础上，对如何把战略思维落实到企业战略管理之中进行了思考，尽管这种思考还是初步的，却是非常有益的。

思想领航 悟道管理

企业战略目标制定的相关要素

习近平总书记多次强调:"战略问题是一个政党、一个国家的根本性问题。战略上判断得准确,战略上谋划得科学,战略上赢得主动,党和人民事业就大有希望。"[①]可见战略目标的意义非凡。有了战略目标的引领,我们才有了前进的方向和动力,在企业管理中才能集中力量攻坚克难。

战略目标的制定对于企业发展至关重要,那么学会科学地制定战略目标就更加关键。习近平总书记曾经强调"不谋全局者,不足谋一域","战略是从全局、长远、大势上作出判断和决策"。我对此的理解是,首先,管理者要具备战略思维能力,能够对本行业发展及形势变化保持灵敏的洞察力,充分考虑到环境变化对于企业的影响,并做出相应调整。其次,是要加强对战略目标制定的过程管理,要深刻理解"谋定而后动,知止而有得"的道理,结合外部环境和企业内部情况,超前进行谋划部署,考虑周到,准备充分,确保战略目标得以实现。最后,战略目标的制定要遵循规律、讲究方法,弄清缘由才能研究实情,根据研究产生计策,才更容易实现既定目标。目标并不是

[①]《习近平在省部级主要领导干部学习贯彻党的十九届六中全会精神专题研讨班开班式上发表重要讲话》,新华网,2022年1月12日。

越远大越好,一旦目标设定遥不可及,就丧失了激励引导作用,就会变成负担;目标定得太小,轻而易举实现,也达不到提升的目的。

一是战略思维能力要重点培养。习近平总书记深知战略思维对于治国理政的重要性,他指出"全党要提高战略思维能力,不断增强工作的原则性、系统性、预见性、创造性"。战略思维的具体运用,在他任职于各地方期间均有所体现,习近平同志坚持用战略思维和方法观察大势,观察中国的发展,从而为他任过职的地方谋划出发展方向与路径。担任福建省省长期间,习近平同志为福建的发展制定相关战略举措,提出"数字福建"建设,让福建的数字经济快速发展。在浙江,推动形成了"八八战略"等一系列战略举措,使浙江的各项事业取得巨大成就。

战略思维能力的培养不仅是企业管理者必备的素质,也是管理者担当责任的体现,在具体工作开展过程中,要善于把当前工作与长远谋划统筹考虑,"头痛医头,脚痛治脚"的问题解决方式是被动的,同时也缺乏预见性、系统性,这种被动行为是不负责任的表现,更谈不上战略思维。拿物资专业管理工作来说,就需要有战略思维能力。物资部门是服务保障部门,物资供应的及时性关系到企业发展的方方面面,因此在物资全过程管理时,要紧跟企业发展方向,同时还要考虑疫情、原材料价格等对物资供应的影响。从企业内部来看,不仅要保持物资部门内部管理流程的畅通,还要做好与项目部门的协同,超前考虑到要满足项目部门工程进度的要求,同时还要兼顾未来剩余物资、废旧物资等的处置问题,把物资全过程管理看成一个系统,才能确保提供坚强物资保障。

二是加强战略目标制定过程管理。过程管理不到位,最终结果必然与最初的规划设想大相径庭。习近平总书记特别重视战略目标的制定过程,尤其是目标制定的前期工作。无论是在党的十九大报告起草过程中,还是在"十四五"规划的编制过程中,习近平总书记都非常关注,并提出明确要求,这是他对目标制定过程的严格管理,也是目标制定真实有效的保障。在十九大报告起草过程中,围绕21个主题,对各个基层单位进行了1817次现场调研,召开座谈会、研讨会达1501次,最终形成80份专题报告,确保了十九大报告高质量完成起草。在起草"十四五"规划过程中,无论是规划建议,还是规划纲要草案,习近平总书记都亲自谋划和指导,并主持召开了7场专题座谈会,广泛听取各行业、各阶层的意见建议。

国有企业在制定战略目标的过程中,同样要加强过程管理,重点加强对前期准备工作的部署。企业中各级管理者需要掌握各项工作的开展情况,提前梳理企业或部门当前存在的短板和不足,以问题为导向分层次广泛开展调研,同时注重调研质量,了解基层一线各级员工的真实想法与意见建议,并做好记录和收集,坚决防止走马观花、流于形式,切实让企业中的每个人都参与战略目标的制定过程,经过这样的过程,不仅能够集众人之智,还能提升员工的获得感,使战略目标的制定更有凝聚力、更加贴近工作实际,才能为之后的工作提供指导方向,才能更有效地激励引导全体员工为实现目标而奋斗。

三是战略目标的制定要科学合理。"从善如流、兼收并蓄",习近平总书记深知战略目标的制定要科学、合理且符合实际,因此他不断察实情、问良策,充分吸收社会期盼、群众智慧、专家意见、基层经验等内容,只有这样,战略目标的制定才更有意义,才能更好地凝聚民心、形成合力。此外,科学制定战略目标的另一个关键因素是持续学习与钻研,考察调研与访谈等方式是工具,开展这些工作的前提是要做好学习研究,来保障调查研究过程的高质量,真正做到有的放矢。这些方式方法的具体运用从习近平同志在各地方任职期间的事迹中均可发现。在正定,习近平同志带领干部到先进地区考察学习,并在县委班子内部开展发展思路大讨论,最终将"依托城市、服务城市、打入石市、挤进京津、咬住晋蒙、冲向全国"设定为发展战略[①];在宁德,习近平同志喜欢调阅县志,每到一个地方就通过调阅县志的方式了解这个

---

① 中央党校采访实录编辑室:《习近平在正定》,中共中央党校出版社,2019年,第4页。

县的过去和现在,从而深入认识县情[1];在厦门,他推动设立了经济社会发展战略研究办公室,并带领相关人员向名师大家学习请教,研究形成了《1985年—2000年厦门经济社会发展战略》[2];在浙江,习近平同志刚上任就马不停蹄地下基层调研,在118天时间内完成了11个市和25个县的考察调研,充分吸收各方面意见,听取干部群众建议,最终形成"八八战略"[3]。

战略目标科学制定的基础是掌握实情,方法是调查研究。在企业中,各级部门每年年初都会制定全年工作目标,有的部门坐在办公室内就把目标确定了,而没有考虑目标设定的可行性、合理性,这显然是不科学的,也是不符合工作实际的,作为企业中层管理者如何设定一个科学的目标并成功实现,可以从习近平同志给我们做的示范中寻找答案。实际工作中,企业中层管理者发挥着承上启下的作用,不仅需要贯彻落实好上级的各项工作部署,同时需要结合本部门的特点制定符合自己的目标并付诸实践。

要想发挥好企业管理者的角色作用,重点要做好以下三个方面。一是要做到专业能力过硬,方法是保持主动学习的习惯。习近平同志调阅县志、拜访名师大家、开展专题研究等都是他主动学习的过程,为战略目标的制定打下了坚实基础。管理目标的制定,离不开专业指标、离不开管理者的顶层设计,因此管理者自身就要对专业工作进行学习钻研,"打铁必须自身硬"就是这个道理,这样才能确保目标更有针对性。二是要注重以人为本。习近平同志不管到哪里任职,问计群众、广聚民智是他开展工作、制定战略目标的重要途径,企业管理亦是如此,员工是工作措施的执行者、是企业经营的参与者,他们的意见建议对于管理目标的制定不可或缺。三是要结合具体

---

[1] 中央党校采访实录编辑室:《习近平在宁德》,中共中央党校出版社,2020年,第6页。

[2] 中央党校采访实录编辑室:《习近平在厦门》,中共中央党校出版社,2020年,第60-67页。

[3] 中央党校采访实录编辑室:《习近平在浙江》(上),中共中央党校出版社,2021年,第71-75页。

实际。习近平同志在正定调整工副业与农业的比例,在厦门结合经济特区建设提出提升本岛、跨岛发展战略,在福州提出发展海洋经济,等等,均体现他贴合实际、切合实际的工作作风,这些做法同样为企业目标的科学制定提供了参考依据。因此,我们只有从实际出发,实事求是,目标的制定才可落地,才能真正为企业高质量发展指明方向。

评论

> 战略思维——战略管理——战略目标,这是同一个问题不断具象化的过程。战略思维提出战略管理需求,战略管理的终极目的,是顺利实现战略目标。而在这个过程中,包含诸多的环节,需要诸多种类的能力和条件。作者结合习近平总书记在战略思维指导下如何科学制订战略目标,最终实现高质量发展的历程,总结出了若干条经验和做法。这些经验与做法有原则层面的,也有操作层面的,体现了作者把理论与实践相结合的自觉。

\战\略\篇\

化整为零的目标分解智慧

"图难于其易,为大于其细。天下难事,必作于易;天下大事,必作于细。"①凡事从细处着手,"在落细、落小、落实上下功夫",这些都是习近平同志关于做好工作反复强调的要求。只有做好目标分解,才能让总体目标落到细处、小处、实处,才能让目标真正得以实现。治天下如是,治企业亦如是,都离不开目标分解的智慧。

首先,要解决"因地制宜"的问题。坚持一切从实际出发,是我们想问题、作决策、办事情的出发点和落脚点。②现在的央企多是大型的企业集团,旗下拥有多个分子公司及业务板块,其地理位置、战略定位、业务特点、发展阶段等各不相同。在设置细化的分解目标时,要基于实际情况选取合适的"参照标杆",形成对自身能力、外部环境和竞争形势的科学分析与深刻认识。习近平同志在福州市工作期间,曾组织全市1600多名干部,广泛邀请各领域专家、市民,围绕581个课题深入调查论证。结合福州市地理位置、经济

---

① 习近平:《习近平在布鲁日欧洲学院的演讲》,新华网,2014年4月1日。
② 习近平:《习近平在中央党校(国家行政学院)中青年干部培训班开班式上的重要讲话》,央广网,2021年9月1日。

053

现状、条件优势等综合分析,最终选定福州市20年后经济发展的"参照标杆"为"亚洲中等发达国家或地区平均发展水平",在此基础上形成了"3820"工程发展战略。科学目标的制订实现了福州的科学发展,2013年福州市生产总值达4679亿元,汽车工业、飞机零部件工业、金融、旅游等产业蓬勃发展,基本实现之前谋划的战略目标。[①]

其次,要注意"分进合击"。所有分目标的设置必须遵循总目标的整体安排。科学精准的目标分解更像是一道数学题,需要逻辑缜密的思维。企业目标的实现需要全业务、各环节的通力配合,为了保障总体目标不折不扣地分解下达需要在时间、量化值、责任主体几个维度下功夫,尽量做到"横向到边、纵向到底",以点带面实现"全要素、全场景、全阶段"覆盖。依旧以"3820"工程为例,它的目标分解形成了横纵交错的棋盘。从纵向上看,将福州市发展的长期目标分解为3年、8年、20年三个阶段性目标,结合不同阶段主要矛盾设置差异化参考系,有利于长期目标的具象化及目标进展的跟踪把控。从横向上看,根据产业重点和目标对象,设定了一二三产业具体目标。[②]结合实地资源情况及长期目标愿景,按照整分合原则为三条主线产业及重点领域设置分目标。既将总体目标分解到"细小处",又综合规划了"百川归海"的总目标实现路径。

再次,目标分解要注意"子母相权"。在目标分解中不能避免的一点就是出现"意见冲突"时我们该怎么办。目标分解常常伴随着不同利益主体的利益再划分,如何平衡主体间的需求,使各方需求基本得到满足是分解中的重点和难点。要以满足感促生认同感、归属感,激发各主体达成预期目标的动力。习近平在福州抓统战工作时,曾先后召开11次统战工作联席会议,总结出了3点面对不同人群统一目标、共同部署的经验。其中就提到事先必须

---

① 中央党校采访实录编辑室:《习近平在福州》(上),中共中央党校出版社,2021年,第60-61页。

② 中央党校采访实录编辑室:《习近平在福州》(上),中共中央党校出版社,2021年,第60-61页。

有调研,要更有针对性、可行性,避免"空对空"。①我们在对不同主体进行目标分解时需谨慎结合不同阶段关键主体资源贡献、利益诉求,进行深入的调研分析后再进行权衡判断,遵循总体战略安排,综合考量总目标及分级战略规划,结合历史水平、行业水平、标杆情况等进行综合考量。财务管理中的全面预算分解就体现了这个要求。预算目标是企业战略及目标的体现,目标分解必须是预算单位与集团反复协商平衡后的结果,须经过双方的共同承诺与认可。举个例子,如果集团打算对旗下某子公司采用扶持的方式使其尽快成为利润增长点,那么在目标分解过程中就要给予相应的倾斜,这样才能更好地支撑战略落地。科学的目标分解不仅有利于总体战略目标及预算管理工作的推进落实,还有利于日常管理协调有序。反之,则会让预算管理效率与效益大打折扣,也会损害总部的威信力。②

最后,目标分解要注意"与时俱进"。目标分解不能"一劳永逸",而应该是一个动态的过程。我们在设置阶段性目标时要以发展的眼光看问题,建立以目标设置为起始和关键环节的动态循环系统。在目标分解的过程中既要及时审视目标达到了什么程度,又要注意目标实施过程中存在哪些短板,未来可能会存在什么问题。截至2021年,晋江连续28年领跑福建县域经济,形成了闻名遐迩的"晋江经验",而晋江经验的诞生恰恰体现了目标动态分解的理念。晋江过去是个出产地瓜、萝卜的农业县,群众生活比较困难。改革开放后晋江树立了第一个"富起来"的目标,民营企业百花齐放,人民生活水平很快就有了大幅提升。但到了2000年,当地企业原有的生产经营方式、管理技术水平已无法适应竞争加剧的内外部市场环境,晋江发展遇到了瓶颈。习近平针对这些问题,帮助本地企业确定新航标。进一步解放思想,加快技术创新、实施品牌战略,加快产业结构升级,再次使晋江本土企业发

---

① 中央党校采访实录编辑室:《习近平在福州》(上),中共中央党校出版社,2021年,第77—80页。

② 王斌、李苹莉:《关于企业预算目标确定及其分解的理论分析》,《会计研究》2001年第8期,第43—47页。

展迸发出了市场竞争活力。①

在工作中,目标分解是每个管理者必备的能力之一。不仅需要多年深耕细作中对战略定位、行业发展等方面精准的研判,更是对管理者自身沟通力、领导力的考验。回顾中国共产党的百年历史,不但在不同发展阶段都能提出极有激励性的目标,同时又善于将总体目标细化分解并据此制定切实的实际行动。②只有重视和善于处理总体目标和分解目标的关系,善于将总体目标转化为具体目标和切实行动,才能取得一个又一个的胜利。③

评论

习近平总书记在多岗位历练和治国理政伟大实践中,所制定的目标最终都一步步地成为了现实,主要原因就在于目标制订既有科学性又有可操作性。有积极意义的目标,既要看得见,又要看得清,更要够得着。以此对目标的设定,一定建立在科学研判和实事求是的基础之上。看得见的目标,是指它具备适度的超现实性,不是唾手可得,要达到此目标非要进行艰辛奋斗不可。看得清的目标,是指它具备科学的体系结构,大中小、内中外、局部与局部、局部与整体的关系清晰,也就是说它是可以细分和分解的。够得着的目标,是指它具备可实现性,经过努力拼搏是可以实现得了的。作者是在尝试说清楚这个道理,并通过公司自身的实践加以佐证。这样的努力不论从理论提高上还是实践的深入上,都具有意义。

---

① 中央党校采访实录编辑室:《习近平在福州》(上),中共中央党校出版社,2021年,第150-153页。

② 谢鹏俊:《基于辩证唯物主义认识论分析中国共产党目标管理的四维特质》,《领导科学论坛》2022年第2卷,第11-15页。

③ 蔡礼强:《论中国共产党的愿景领导力》,《甘肃社会科学》2019年第4期,第1-7页。

\战略\篇

企业发展中的"智"与"志"

2018年,习近平总书记在调研格力电器时指出,核心技术的自主性掌握是企业发展的关键。他提议企业应该自力更生,不断奋斗,以自主创新的手段不断争取,不断前进。企业要发挥自身的骨气和志气,不断提速,提升自主创新的能力和实力[1]。2020年,习近平总书记在视察山河智能装备时,同样强调了企业单位掌握行业核心技术的重要性,并称赞企业走"智变"之路是一条明确的道路,值得进一步推广[2]。《习近平在宁德》的采访实录中重点讲述了习近平同志在执政一方期间,在解决地方发展问题时的主要做法,经常都是通过调研开启,以调研结果确定改善方向,深入分析并梳理工作思路,制定战略措施,最后严抓落实确保执行到位[3]。在战略制定的过程中,坚持"智"与"志"双手齐抓,协同共进,才能事半功倍,实现破局。在企业发展的历史长河中,也面临着各种各样的问题需要解决,以"智"与"志"两方面为

---

[1] 张晓松:《习近平强调自主创新:要有骨气和志气,加快增强自主创新能力和实力》,新华社,2018年10月23日。
[2] 申勇:《总书记鼓励企业走"智变"之路 唯创新者强》,央视新闻,2020年9月19日。
[3] 王同元:《习书记以惊人的速度进入角色,大刀阔斧地开局》,学习时报,2021年3月26日。

抓手,将会势如破竹,朝气蓬勃。

在企业发展"智"的方面,首先,创新驱动发展是习近平总书记多次在重要会议重点强调的重要工作,具有重要意义[①]。例如习近平同志在正定担任县委领导期间,积极发展"半城郊型"经济就是创新性发展的重要举措,以发展支部的重要作用实现农村的发展,现实农民的富裕。积极发挥支部作用为正定百姓提"智",总结出裕民富民的"二十字经"。搞"大包干"大幅提高农民积极性。正如习近平同志在正定履职接受采访时提到的"依托城市的建设,引进智力,加速'两个转化'的新战略,使我们扭转了多年的被动局面,也给正定带来了新的起飞"[②]。在企业发展中也可以通过创新驱动实现企业面临的发展问题,例如本人所在的配电带电作业领域,国家电网公司第四代带电作业机器人技术已经成熟,其中双臂自主式实施、单臂人机协同实施、辅助自主实施等在配网带电现场广泛应用,在人身方面,人身安全风险有效降低,在电网方面,电网安全稳定运行,设备方面保障了设备经济运行,提升居民用电可靠性。秉承人民电业为人民企业宗旨,减少居民停电、机器人带电作业的使用,可极大保障供电可靠性,丰富供电部门的作业手段。作业安全性得到了提高,作业人员劳动强度得到了减轻。其次,多种手段加强培训,提升企业人员综合素质,习近平同志履职宁德地委书记期间,地委在平南县仙山牧场举办地委学习中心组读书班,把所有县委书记集中起来学习统一思想,在县级层面完成贫困意识转变,再由各级县政府为县内百姓提升志气,宁德地区获得全国法律竞赛冠军就是最好的印证。此外,习近平同志非常注重中青年干部的培养工作,他在2021年春季学期中央党校中青年干部培训班上指出,年轻干部是党和国家事业发展的希望的来源,年轻干部要不断夯实理论基础,提升理论素养,在工作中练就过硬本领。青年人才要时刻以担当和斗争精神冲在前阵,时刻准备为党和人民奉献一切,贡献自身力

---

① 汤维汉:《把创新摆在国家发展全局核心位置》,新华网,2015年10月31日。
② 赵德润:《正定翻身记》,人民日报1984年6月17日。

量,留下无悔足迹。在企业发展中利用多种手段加强理论与实操学习将进一步提升企业人员综合素养,提升企业战斗力,国家电网公司是能源安全和经济命脉的重要企业,管理与技能能力的综合成绩与储备深度将有效支撑国家经济的高质量发展,公司以多种培训形式为载体,有效提升员工综合素养。仍以带电作业为例,国网层面多次举办"大比武",遴选专业技术骨干,培训以理论与实操相结合的方式展开,在理论方面,有理论知识配网带电作业的反违章、带电作业适用范围、条件、安规强化、操作项目讲解等,在实操方面,有技能操作绝缘平台和绝缘操作杆组合作业、带电剪火、带电接火等等。多形式的理论培训有效提升了企业员工的专业及综合素养,有效提升了企业专业团队的作战能力,有效保证了用户高质量用电,提升了企业与居民的用电可靠性。

在企业发展"志"的方面,首先,坚持"下访",为基层提志,深入贯彻"立党为公、执政为民"本质要求就是要活用"领导下访"接待群众这一有效手段[1]。"领导下访"一是有效解决人民实际问题,二是拉近了"领导"与"群众"的距离,一举多得,具有丰富的实践意义。坚持"下访",通过解决群众的主要问题,提升了群众的"志",提升了群众的各项主动性,集中力量办成了诸多大事。在国家电网公司,坚持"下访"一直是公司的传统,领导干部参与基层的组织生活会,询问员工在生产生活中的各项困难与建议,并且积极对接企业员工的创新性想法,为员工提供资源支撑,让员工的"志"得到展现,让员工的实际问题得到解决。使得基层一线能够拧成一股绳,发挥坚韧不拔的品质,实现问题的快速攻坚。其次,树立榜样,从个体先进向群体先进转变,从内心深处提升企业员工的战斗志气。习近平总书记强调,榜样的力量是无穷的,要积极挖掘身边的劳动模范、人民楷模。7年知青岁月,种地、拉煤、打坝、挑粪都是习近平同志生活中的一部分。虽作为管理者,但他仍然能够以身作则发挥自身模范带头作用。在我所工作的配电工作领域,就有

---

[1] 习近平:《领导下访是一举多得的有益创举》,浙江日报2004年10月11日。

这样一位30年兢兢业业、扎根一线的"活地图",他就是国家电网公司张黎明同志,他经常以"工匠精神"自勉,不忘初心、牢记使命,他是公司的典型个体先进式的人物,但是他不仅做到了个体先进,更是做到了从"个体先进"向"群体先进"拓展升级。新冠肺炎疫情流行时,张黎明同志携手国网天津电力职工主动请缨,百余支队伍奋战到底,光荣地完成了一次又一次的保电任务。公司全体上下备受鼓舞,正是由于我们有着这样一批先进骨干带领着我们在企业发展中一路领航,提升了团队的志气,形成了凝聚力,发挥了队伍的战斗堡垒作用。

由此可以看出,企业在解决发展问题时,提"智"与提"志"两方面同时抓将有效盘活企业团队战斗力,巩固团队战斗堡垒作用,组建能够闻令而动、快速攻坚的生力军。在企业发展过程中,在面临急、难、险、重的工作任务时,能够迎难而上,攻坚克难,在企业发展的舞台上,牢站脚跟,永葆企业青春与活力。

评 论

有"智"更需有"志",扶"智"更需扶"志","志"为体,"智"为用。古语讲智勇双全者,无往而不胜;今人言"智""志"兼备,方可成大事业。习近平总书记一贯强调"智""志"并提,他这么说,也这么做。企业管理中,面对愈加纷繁复杂的环境,面对日益精进的科技的运用,没有足够的知识和技能,无法应对。但是同样也要鼓舞士气,敢于亮剑,知难而进,永不言退,增"智"提"志"不可偏废。作者文中有关"智""志"并提的论述,叙议结合,思悟并道,是一个有益的尝试。

\战\略\篇\

机制建设要注意的几个问题

习近平总书记曾说,"要处理好建章立制和落地见效的关系,制度制定很重要,制度执行更重要"[1]。制度的生命力在于执行,国有企业作为完善中国特色现代企业制度的重要践行者,在建章立制的同时,也要注重企业制度的完整性、规范性、科学性和有效性,还要注重执行机制的分类指导和刚性执行,才能以制度有效落实推动管理水平提升,促进国有企业高质量发展。

一是机制建设注重分类指导。习近平总书记指出:"不管建立和完善什么制度,都要本着于法周延、于事简便的原则。"[2]习近平同志在宁德工作期间解决福建连家船民"上岸"问题,在上海抓"三农"工作改善金山农民住房问题,都体现了这个原则。看似简单的连家船问题,背后包括了船民生活的

---

[1] 习近平:《在中央和国家机关党的建设工作会议上的讲话》,求是网,2019年11月1日。
[2] 《习近平总书记在党的群众路线教育实践活动工作会议上的讲话》,共产党员网,2013年6月18日。

整套问题,要上岸其根本在于让他们居有定所、安居乐业。①可见,制度执行始于针对性、重于可行性,两个原则缺一不可,只有始终遵循问题导向,做到精准施策,才能真正在解决重点、难点问题的过程中,有的放矢、一针见血;在机制修订方向上更要注重结合企业的特点、专业的特色修订调整、完善提升。其实早在20世纪80年代,习近平同志就有过这样的理念。正定是他解决中国农村问题的一个试验点,他围绕分配制度、土地制度等在不同类型的农村里就"三农"问题开展小范围的试验,全方位地寻找中国农村未来的发展道路②。在厦门主动分管"三农"问题更是如此,每到一处调研,他都结合当地实际提出有针对性的措施,要求"精准"实施③。解决"三农"问题是国家战略,必然有它遵循的制度原则,但无论是省、市、县、村,都要结合当地实际制定行之有效的运行机制,结合不同区域的实际情况分类指导,才能真正解决问题、落实生效。

国有企业在加强制度执行过程中,也会遇到"水土不服"的现象,还是要针对不同地区、不同专业执行制度过程中存在的各类问题,统筹"于法周延""于事简便"两个原则,真正解决实际问题,发挥有效作用。比如我们在党建绩效考核过程中,应只确定考核专业的基本条款和专业类型,对于具体的考核细则和标准应该由实际实施的党组织根据实际情况细化分解。基层党组织标准化工作基础较好,在组织生活制度执行落实方面的比重可以适当减少,加大党建融入中心等创新载体运用方面的考核,如此才能让考核机制更有效果。

二是机制建设注重有效保障。习近平总书记指出:"我们的制度不少,

---

① 中央党校采访实录编辑室:《习近平在宁德》,中共中央党校出版社,2020年,第293页。

② 中央党校采访实录编辑室:《习近平在正定》,中共中央党校出版社,2019年,第158页。

③ 中央党校采访实录编辑室:《习近平在厦门》,中共中央党校出版社,2020年,第44页。

可以说基本形成,但不要让它们形同虚设。"①风筝之所以越飞越高,依靠的是手中线的牵引;河水之所以湍急而行,依靠的是有堤岸的约束。制度要想执行得好,光嘴上说说是不行的,也需要有效保障、督促落实。习近平同志在福州工作期间提出了"马上就办、真抓实干"的工作总要求,被大家形象地称之为"马真精神"。同时还建立了一整套督查监督机制,确保任何一件事,都有责任人、有研究、有部署、有检查②。在浙江省工作期间,习近平同志强调"抓而不紧,等于不抓;抓而不实,等于白抓"③,不仅亲自带头抓督查,还归纳总结出多种督查方式。逐渐地,浙江省制定完善出全省党委系统督查检查工作规定、省委督查室工作细则、浙江省党委系统督查工作机制④,真正固化了工作成果。

制度的生命和权威在于实施。执行制度一靠自觉,二靠监管。我们做管理不难发现,部署工作时加上一句"列入考核"常常完成得比较符合预期,我们自己对于上级交办的此类任务也会"高度重视"。但考核只是最终手段,用得多了就可能难以发挥其应有的作用,因此我们更需要"督查监督"这种过程管控方法。比如常常采用的中期推动、阶段管控等,都是先发现问题,再分析问题,最终实现解决问题,其目的就是确保工作过程可控、执行结果在控。同时在工作中不仅要有"马真精神",还要增强"复命"意识,提升"画句号"能力,完成任务第一时间就复命,如果遇到问题和困难工作无法推动,更要及时提出、协调解决,避免因"不言语"造成"未完成",真正肩负起管理责任,确保制度决策有效落地。

---

① 《习近平关于严明党的纪律和规矩论述摘编》,人民网,2016年8月19日。
② 中央党校采访实录编辑室:《习近平在福州》,中共中央党校出版社,2020年,第303、344页。
③ 中央党校采访实录编辑室:《习近平在浙江》(上),中共中央党校出版社,2021年,第81页。
④ 中央党校采访实录编辑室:《习近平在浙江》(下),中共中央党校出版社,2021年,第161页。

思想领航 悟道管理

三是机制建设注重刚性执行。习近平总书记指出:"如果空洞乏力,起不到应有的作用,再多的制度也会流于形式。"[1]对猫而言,牛栏是无法关住的,再坚实的棚栏,缝隙大也是摆设。从寓意上来理解,则集中反映了"制度缺位""制度虚设"等问题。习近平同志在福建工作期间坚持林权制度改革,取得了成功,获得了经验,让好的制度再次焕发生命力[2]。在上海工作期间更是强调要用科学管用的制度管好资金、资产、资源,防止权力滥用和腐败现象的发生。一辆汽车如果只有动力系统,没有制动系统,就会出车祸[3]。制度约束就是制动系统。我们在改革发展的同时要加快反腐败的体制机制建设,稳得住人心,体现出有效机制建设、刚性机制执行的重要性。

有违必纠、有纠必严,这便是制度严肃性、权威性的充分体现,就是我们常说的既要编好制度笼子,还得扎紧制度的篱笆。"亡羊而补牢,未为迟也。"把牛栏栅栏补紧、让缝隙变小,把不再发挥作用的栏杆重新修补、替换,也能关住猫。如同实际工作中需要定期对现行机制进行修订和补充,为防止制度执行虚化和空转更要有刚性执行的管控机制,制定机制时不仅要考虑可操作性,更要从管理的角度做好过程管控,变单一的"结果导向"为多元的"过程考核"。要有效运用交叉互查、现场观摩、经验交流、阶段通报等方法,对要求执行情况、实施效果进行检查评估,对有令不行、有禁未止的现象早发现、早处理,坚持从严从实原则,对无视制度、破坏制度的行为和个人严肃查处,从而用疏而不漏的机制体系确保制度有效落实、落地见效。

---

[1]《习近平总书记在党的群众路线教育实践活动总结大会上的讲话》,新华网,2014年10月8日。

[2] 中央党校采访实录编辑室:《习近平在福建》(下),中共中央党校出版社,2021年,第11页。

[3] 中央党校采访实录编辑室:《习近平在上海》,中共中央党校出版社,2022年,第146页。

评 论

　　现实生活中我们不难发现,同样的一套制度,在不同地区不同部门的执行效果不尽一致,有时还效果迥异。究其原因,往往在于从制度出台到制度的完全实施过程中有诸多环节,这些环节的不同往往表现为机制的差异上,是机制上的差异导致了制度效果的差异。通俗地说,制度是规范了要做什么、如何做、谁来做、做成什么样。但是在具体操作层面上,从应然到实然,则需要机制建设来实现。习近平总书记高度重视制度和机制的建设,而且强调二者的高度关联性,为我们阐释了机制建设的重要性、根本遵循和方式方法。作者在学习习近平总书记教导的基础上,针对实际工作中需要补的机制建设短板提出了建议,我们非常乐见其成。

思想领航 悟道管理

统筹兼顾要学会十指弹琴

统筹兼顾是我们党应对各种风险挑战、赢得伟大胜利的科学方法论。党的十八大以来，以习近平同志为核心的党中央运用统筹兼顾的方法做出了一系列重要部署，取得了一系列重大成就。习近平总书记强调："统筹兼顾、综合平衡，突出重点、带动全局，有的时候要抓大放小、以大兼小，有的时候又要以小带大、小中见大，形象地说，就是要十个指头弹钢琴。"[1]这道出了统筹兼顾的真谛。

统筹兼顾体现在以小带大上。以小带大，就是注重总结普适做法，就是聚焦具体工作、具体事务，通过试点先行总结典型经验、指导整体工作。习近平同志在福建任职时，对晋江的发展给予高度的关注和研究，将"晋江模式"归纳为"三为主一共同"，并铺开到整个泉州，推动了泉州经济快速发展，实现了"泉州现象"。通过多次考察、深入调研，习近平同志正式提出"晋江经验"概念，要求全省各地认真学习借鉴。[2]从"晋江经验"到"泉州现象"，体

---

[1] 习近平:《在俄罗斯索契接受俄罗斯电视台专访时的讲话》，央视新闻，2019年3月24日。

[2] 中央党校采访实录编辑室:《习近平在福建》（下），中共中央党校出版社，2021年，第132-138页。

现了习近平同志高瞻远瞩、统揽全局的战略思维和政治智慧。他从晋江模式的"小"中,总结出"三为主一共同"的普适经验,并将其推广应用到整个泉州乃至全省的"大"中,这正是以小带大、小中见大的鲜活例证。以小带大符合人们的一般认知规律,即从特殊事物中总结概括共同本质,就是从"小"中提炼、概括普适经验。

统筹兼顾体现在抓大放小上。抓大放小,就是立足全局,抓住中心,明确重点,牵住"牛鼻子",集中优势力量攻坚克难,对于非全局、非中心、非重点的工作,适当放缓或舍去。习近平同志在浙江工作时,高度重视环保工作,亲自组织实施了"811"环境污染整治行动,尤其在"三废"污染严重的台州黄岩化工医药基地,年产值近20亿元的48家医化产业被大力整治。经过不到3年时间,污染企业全部整治,产业结构全面优化,生态环境质量显著提升。习近平同志在浙江提出了"绿水青山就是金山银山",将生态环保放到了更加突出的重要位置,充满了唯物辩证法的思想光辉。①他用辩证唯物主义和历史唯物主义的方法看问题,对于生态环保建设这一主要矛盾,以及因此对经济发展造成的影响这一次要矛盾,区分本末、抓大放小,真正将生态优势转化成了经济优势,推动浙江的生态省建设走在了全国的前列。

统筹兼顾体现在均衡协调上。均衡协调,就是统筹兼顾安全、质量、效率、效益等要素,注重均衡性和协调性,最大限度激活发展动能。习近平同志在浙江任职时,建立了一个科学完备的经济发展综合配套体系,并将浙江经济社会发展纳入其中。在提出"八八战略"后,他坚持经济质量和效益同增长,在经济发展、社会事业、民众生活等方面,提出了"文化大省""平安浙江""法治浙江""人才强省"等系列举措,部署实施了"五大百亿"工程和"八大科技创新"工程,充分体现出经济效益与社会效益均衡协调的思想。②今

---

① 中央党校采访实录编辑室:《习近平在浙江》(上),中共中央党校出版社,2021年,第262-265页。

② 中央党校采访实录编辑室:《习近平在浙江》(上),中共中央党校出版社,2021年,第6-12页。

天的浙江,总体发展依然稳健,发展质量和效益仍不断提高。这都得益于习近平同志统筹兼顾的科学方法论,以及注重协调均衡的一贯主张。这也充分印证了,实现高质量发展,必须直面发展均衡性、协调性的短板,以"弹钢琴"的高超本领推动整体发展。

统筹兼顾是方法论,十指弹琴是实践论。统筹兼顾从理论层面指导我们如何处理好"大"与"小"、"一"与"全"的关系,十指弹琴从实践角度告诉我们如何将统筹兼顾融入具体工作事务中。前者是后者的理论指引,后者是前者的实践基础,二者相辅相成、缺一不可。作为国有企业的管理人员,要从总书记的执政方略中学习经验、探寻路径,做好"大""小"之辨,区分好本末、主次和缓急,集聚主要精力、利用更多时间,统筹协调好各项工作任务,才能取得事半功倍的成效。

要抓住"纲",做到纲举目张。中心工作是事关全局的"纲",是整个工作链条的"纽带",一切工作都应服从于中心工作。回顾党的百年奋斗历程,我们党正是由于准确认识和把握社会主要矛盾、明确中心任务,才取得了一个又一个伟大胜利,实现了党和人民事业行稳致远。国有企业的人力资源管理工作,更需要抓住中心工作,在顶层设计、推动工作时,做到立足全局、抓住中心、突出主题。特别是在人才开发上,要心中有纲,将人才培养方向与企业发展战略紧密结合,紧紧围绕企业定位和专业优势,制定培养规划,努力锻造一支服务企业战略发展、彰显企业精神特质的一流人才队伍。

要聚焦"点",做到以点带面。在落实上级部署、推动重点任务时,选取试点、总结经验、全面推广是一套行之有效的"组合拳"。要扭住关键"点",透过现象看本质,分清哪些是关系全局的关键点,哪些是维系局部的普通点,通过以点带面有效解决问题。要在"点"上总结"面",在试点先行过程中,总结遇到的各类问题和解决问题的有效举措,提炼出典型经验,在更大领域、更广范围推广应用,发挥抓好一点带动一片作用。具体到人才培养领域,就是要在"个体先进"中,探索寻找国有企业员工队伍的精神谱系,并在各层级形成引领,培养先锋队,不断推动"个体先进"向"群体先进"拓展升级。

要注重"体",做到一体推进。均衡性和协调性是评价管理质量的两个重要标尺。均衡协调,就是要在管理中注重整体性和协同性,激发出最大动能。要补短板,客观清醒认识到管理中存在的问题和薄弱环节;要强长板,充分发挥技术、经验、人才等各方面优势,在优势领域做深做细、拉大差距。要善协调,注重整体性,兼顾各领域均衡发展,提升企业整体质效。具体到人才队伍建设上,就是要注重人才的均衡培养和发展,专业内要精耕细作,通过比武练兵、岗位实训等形式,提升专业水平;专业间要融会贯通,加强专业交流,搭建跨部门、跨岗位的锻炼培养平台,打造高素质专业化复合型人才队伍。

企业管理就像弹钢琴,只有十个指头高效联动、熟练配合,才能弹奏出美妙的乐章。统筹兼顾、综合平衡,突出重点、带动全局,是企业管理的科学方法,只有把握好其中的精髓,才能"统"得高明、"筹"得有效。

评 论

习近平总书记多次强调各级干部要善于做好统筹兼顾。统筹兼顾不仅是思维方式,也是工作方法。统筹兼顾强调的不仅仅是全面,不仅仅是平衡,而是强调既考虑到各种相关的要素,更考虑它们之间的比例、结构和相互作用,强调有轻有重,有大有小,有快有慢。总书记用"要十个指头弹钢琴"来比喻科学抓好统筹兼顾,十分形象。抓好企业管理,也必须做到统筹兼顾,合理摆布各种要素,在解决矛盾和问题的同时,不给发展新阶段留下后患。否则,企业的发展就容易问题频发,矛盾迭出。作者对此进行了思考,提出了自己的建议,这些工作都具有一定的意义。

思想领航 悟道管理

谈谈基层管理者主观能动性的调动

"人才战略,是一切战略的战略。"基层管理者离一线最近、离员工最近,战略最终都要靠广大基层管理者发挥承上启下作用,团结带领广大员工去贯彻和实施。习近平同志在《之江新语》中提出,"保护好、调动好、发挥好基层干部积极性,是深入实施'八八战略'的客观要求"[1],充分诠释了激发基层管理者的主观能动性是取得战略成功的关键这个道理。

首先,要统一目标,让基层管理者真心认同。"欲动天下者,当动天下心。"战略目标与员工认识、员工认识与员工认同之间普遍存在较大差距,这往往也是导致战略执行效果与战略目标存在差距的主要原因。基层管理者作为战略执行的纽带,要真懂,不仅要有战术措施,更要培养战略思维,成为各个领域、岗位的战略家,对上负责与对下负责相统一;更要真信,基层管理者必须统一思想,发自内心、坚定不移地践行战略方针,才能落实到制度流程、行为言谈中,确保不变形、不走样。

习近平同志在正定工作期间,为了扭转正定作为北方粮食高产县受高

---

[1] 习近平:《注意保护和调动基层干部积极性》,载《之江新语》,浙江人民出版社,2007年,第63页。

征购等影响导致很多农民吃不饱饭的局面,提出经济上搞活的振兴战略,当时他推动战略落地的第一步就是在全县各级干部中开展大讨论、达成共识。他为了农业大省怎么能搞70%的工副业的传统观念,大力抓干部素质教育,他亲自出题、亲自监考,将新知识、新思想与改革实际问题结合,把具有强烈现代意识的后备干部培养起来。[1]习近平在福州工作,从1991年到1996年,每年都主持编写一本有关工作指导思想和重点的册子,目的就是激发广大基层干部的责任感和参与意识,凝聚起干事创业的共识。[2]

企业战略实施的第一步,就是让基层管理者明白战略安排的道理、了解企业发展前景,将广大基层管理者的思想统一到共同目标和行动上来,发挥集体的智慧和力量。2020年,国家电网公司确立了建设具有中国特色国际领先的能源互联网企业的战略目标,国网天津市电力公司第一时间就研究明确了战略实施路径,立刻组织全公司各级负责人宣贯、讨论"走什么道路、做到什么程度、干成什么样"的战略部署,确保广大干部职工理解、认同企业战略内涵。

其次,要充分信任,责任包干到人。富有挑战的平台和工作自主性,是激发员工内生动力、降低企业运营管理成本的首要选择。要充分信任,让基层管理者敢于负责,培养塑造功成必定有我的担当。要科学授权,做到权责对等,指导帮助基层管理者掌握科学的思想方法和工作方法,让他们善于负责。

习近平同志在正定、宁德、福州、浙江等地始终坚持推动变群众上访为干部下访,带领各级领导干部"责任包干、现场办公"。引导基层干部有的放矢开展工作,俯下身子走群众路线,推动很多问题在基层取得突破。[3]1982年,

---

[1] 中央党校采访实录编辑室:《习近平在正定》,中共中央党校出版社,2019年,第148-150页。

[2] 中央党校采访实录编辑室:《习近平在福州》,中共中央党校出版社,2021年,第369-371页。

[3] 中央党校采访实录编辑室:《习近平在宁德》,中共中央党校出版社,2020年,第83-87页。

习近平同志到正定工作时,为了调动农民种田的积极性,选取经济相对落后的双店公社实行"大包干",把河滩地30年的经营权承包到户,人民干劲被唤醒,人均收入提高了一倍,这也奠定了正定"半城郊型"经济的基础。

对基层管理者的充分信任与科学授权,是对基层管理者最大的激励,也是促进战略措施贴近市场、持续迭代最有效的手段。一直以来,国网天津市电力公司始终坚持聚焦市场化、服务类重点业务,因地制宜实行"战区制""项目包干制"包干到团队、个人,让基层管理者说了算,根据团队市场开拓确定奖励系数,根据服务前端与职能后端价值贡献,综合确定绩效奖金,激发内生动力,实现业绩升薪酬升、业绩降薪酬降。

再次,要实事求是,营造干事担事的氛围。坚持实事求是"理论联系实际"的思想路线,是辩证唯物主义的根本体现。习近平总书记指出:"干事担事,是干部的职责所在,也是价值所在。"[①]战略实施过程中,基层管理者不仅要抓大事、作决策,更重要的是做实事、抓落实,抓而不紧、等于不抓,抓而不实、等于白抓,要接地气,注重符合实际。

习近平同志在正定时为了把基层干部从文山会海中解放出来,曾提出"不发定期简报,每周一半时间'无会日',考查对口接待",得以让基层管理者有时间干实事[②]。习近平同志刚到宁德的时候,没有着急响应大家期望值很高的大项目,而是花了一个多月时间调研,并在各种会议、调研等场合反复强调,要发扬"滴水穿石"精神,一任接着一任干,接续奋斗、接力发展;又要有"弱鸟先飞"的意识,发挥优势、跨越发展。习近平在福建时,结合不同区域实际、历史条件等差异化制定全省的脱贫目标,明确反对不切实际的数字脱贫和"撒胡椒面式脱贫"。

落实、落实、再落实是基层管理者的永恒话题,心无旁骛抓好落实,战略

[①] 习近平:《在中央党校(国家行政学院)中青年干部培训班开班式上的讲话》,新华网,2021年9月1日。

[②] 中央党校采访实录编辑室:《习近平在正定》,中共中央党校出版社,2019年,第148-159页。

才能充满生机,才能创造经得起实践、人民、历史检验的业绩。国网天津市电力公司始终坚持重实绩、勇担当的鲜明激励导向,设置重点工作专项奖,大力向生产服务一线贡献者倾斜,及时奖励;实行宽带薪酬机制改革,拓展一线管理者岗级晋升通道,鼓励深耕岗位成长成才,培养激励了一批又一批业务精湛的优秀基层管理者。

最后,要抓住机会,关心关爱基层管理者。要鼓励基层管理者带好头、团结一切可以团结的力量,要抓住典型,解剖麻雀,举一反三,注重发挥试点示范作用,总结肯定基层创造的好做法、好经验,不断完善提高,并予以推广。所谓行胜于言,分享下属的苦难,和下属一起战斗,比任何言语都重要,要关心关爱基层管理者,只有基层管理者感动了,把职业当事业、当使命,才能真正实现客户满意、企业可持续发展。

习近平同志在宁德时,闽东穷又缺干部,但他从不主张把干部留下来,而是把干部送出去,鼓励多岗位历练、发挥才智,本地干部也得以一茬接一茬地成长起来[1]。他也非常看重先进典型选树,曾亲自主持会议,邀请8位农民到机关给副科级以上干部讲改革致富的体会,将70多个典型人物和集体的先进事迹汇编成《滴水集》,并亲自写序[2]。习近平同志对待基层干部特别有人情味,经常邀请到自己家里做客,比如下党乡党委书记杨奕周生病时,习近平同志还给寄过药;他特别舍得花时间跟基层老干部谈话,说"谈话可以沟通思想,比做其他工作还管用";习近平有一个随身携带的小笔记本,身边同志跟他谈到的工作想法甚至个人问题,他都会随时记录,可能当事人说完都没在意,他就帮助解决了,很多同志谈及此都非常感动。[3]

---

[1] 中央党校采访实录编辑室:《习近平在宁德》,中共中央党校出版社,2020年,第238页。

[2] 中央党校采访实录编辑室:《习近平在宁德》,中共中央党校出版社,2020年,第72-75页。

[3] 中央党校采访实录编辑室:《习近平在宁德》,中共中央党校出版社,2020年,第127-130页。

搭建成长历练、价值实现的平台，不吝惜赞美的及时肯定和关心关爱，是对基层管理者最大的激励。2015年以来，国网天津市电力公司持续推出一系列对一线管理者负责的管理举措。坚持"使用就是最好的培养"，搭建职务、职员、专家三条并行互通的职业成长通道，让基层管理者特别是年轻的基层管理者有盼头、有成就。选树时代楷模张黎明、全国劳模黄旭等先进典型，提高薪酬待遇、广泛宣传先进事迹，物质精神激励并重，带动了一批基层管理者从国网天津市电力公司成长起来。

基层管理者在战略实施中发挥着关键的桥梁纽带作用，只有在一线管理者心中埋下价值贡献、服务战略发展的种子，并使之在企业战略发展中茁壮成长，才能带动激励更多的员工、客户等相关方，协同联动、共建共享，推动企业高质量发展。

评 论

干事创业靠一个人不行，得靠集体的智慧与力量。集体智慧和力量最大限度地迸发，不是靠压、催、挤，而是靠科学地发挥其主观能动性。因此，如何发挥各级干部群众的主观能动性，一直是管理学中的热词。习近平总书记善于调动和发挥干部群众的主观能动性，也在治国理政过程中创下了各具特色的诸多鲜活的案例。从总书记的教诲和经历中学到调动积极性的精髓，把它运用到日常的管理工作之中，是每一个企业管理者面临的重要任务，作者做出了初步的尝试，这是一个一旦开启就无法停下步伐的过程，但能够收获更多的希望。

\战\略\篇\

强化战略评估是提升
战略管理质量的好方法

习近平总书记强调:"战略问题是一个政党、一个国家的根本性问题。战略上判断得准确,战略上谋划得科学,战略上赢得主动,党和人民事业就大有希望。"[①]国家需要进行战略管理,企业也是一样。战略评估是评价战略管理质量的根本方法,是保障企业战略上赢得主动,实现企业持续、高质量发展的重要一环。从广义上看,战略评估是战略管理中的一部分;从狭义上看,战略评估的对象是战略管理的设定、实施过程、实施效能,是一种全方位和全过程的评价。国有企业战略评估必须坚持人民立场,要定义科学的评估内容,就要有先进的评估体系。

国有企业战略评估必须以人民满不满意为根本出发点。国企姓党,为人民工作。人民群众的根本利益是党制定一切战略举措的首要考虑因素,国有企业开展战略评估也必须将人民满意作为最高标准。首先评估是否充分符合人民群众的愿望和利益。实践证明,党的一切工作只要是有利于人民群众,只要是人民群众能从中得到实实在在的实惠,就会得到人民群众的

---

① 习近平:《在省部级主要领导干部学习贯彻党的十九届六中全会精神专题研讨班开班式上的讲话》,新华网,2022年1月11日。

支持。习近平总书记之所以能够制定出百姓拥护的战略举措，根本原因就在于他政治生涯中从一而终的人民情结。其次评估是否更普遍地惠及大多数人民群众。习近平总书记多次强调共同富裕，提出在发展中"一个都不能少"，就是告诫我们在制定战略时不能只考虑一部分群众的利益，而是要最大限度地做到普惠全体人民，脱贫攻坚、对口帮扶政策就是我国在实现共同富裕道路上走出的特色之路。

国有企业战略制定要重点进行优劣势和风险评估。优劣势评估是战略制定的基点，是把握主动与被动的客观基础。优势与劣势辩证统一、相互包含，必要时相互转化。战略优势是国有企业打造核心竞争力的关键，也是制定战略的主要考虑因素。习近平同志在福建工作期间，就充分评估了福建省的生态优势，指出生态资源是福建省最宝贵的资源，由此提出生态省建设的战略规划。习近平同志在浙江工作期间，审时度势、因地制宜地提出并实施长三角一体化、城乡一体化、山海一体化等一系列区域协同发展战略，体现了其善于进行优劣势分析、实施区域优势互补战略的成熟思考与极致应用。战略制定还需要进行风险评估。习近平总书记曾经多次强调要有风险意识，既要善于防范和抵御风险，又要善于应对和化解风险。总书记在福建推行林权制度改革，就充分评估了搞分山到户会不会造成乱砍滥伐的风险，认定只要政策制定得好、方法对头，就是有风险也是可控的，所以他推进林权制度改革就胸有成竹。

国有企业战略执行过程要重点进行环境适应性评估。战略执行过程中环境是随时变化的，如政策、法律、需求等都是动态的、复杂的，环境变化会干扰战略的有效执行，形势在变、任务在变、工作要求也在变，这就要求我们及时分析环境变化，做到看清形势、适应趋势、发挥优势，准确识变、科学应变、主动求变，化不利为有利、变被动为主动。党的十八大以来，习近平总书记深刻洞察国内外发展趋势，提出当今世界正处于百年未有之大变局的战略判断，为我国把握战略机遇、持续深化改革提供了指引。2022年全国两会期间，习近平总书记又准确把握历史发展趋势、时代发展大势以及我国发展优势,提出我国发展具有"五个战略性有利条件"、需走"五个必由之路"的重大论断。这些论断都是习近平总书记放眼全球、立足国内对我国发展面临的战略机遇进行的深刻阐释与准确把握。成功的战略需要进行环境适应性评估,需要顺应历史、时代大势,从而抓住战略机遇。

国有企业战略执行结果必须进行成效评估。成效评估必须有先进的指标评价体系衡量,可以从国企属性、企业共性、行业特性等多个维度构建国有企业战略评估指标体系。国企姓党,政治属性是首要的评估因素,中央决策部署完成情况、群众满意度、社会责任履行度、党建工作完成情况、现代企业治理运行质效等都应该是国企属性的硬评估指标。企业共性主要从国有企业的经济属性方面考虑,国有企业也必须遵循一般企业的盈利性要求,营业收入、利润总额、资产总额、负债率、市场占有率等企业共性指标均为重要的评价指标。行业特性主要从国有企业所处的行业角度出发,根据经济社会发展需要提出的阶段性目标完成情况来定义评价指标体系,比如国家电网就需要将并网装机容量、居民户均配电容量、综合线损率、电压合格率、"获得电力"指数等阶段完成情况作为行业特征指标的重要组成部分。

国家电网公司提出建设"具有中国特色国际领先的能源互联网企业"的战略目标,就是准确把握党和国家对于国有企业的发展要求,科学评估公司当前处于的发展阶段,坚持实事求是和以人民为中心的原则,在充分进行优劣势和风险分析的基础上做出的正确战略判断。在战略执行过程中,国家电网公司每年定期开展形势任务分析,不断调整战略执行重点,确保既定战略始终沿着正确的方向前行。国家电网公司要坚持一张蓝图绘到底,在当今乃至很长一个阶段毫不动摇坚持既定战略目标不松懈,干在实处、走在前列,扎扎实实做好各项工作,全力以赴服务区域经济社会发展。具体到国家电网公司的每一名员工,都应该毫不动摇执行国家电网公司的既定战略,以主人翁的态度始终站在人民的视角及时反馈战略执行过程中的偏差和不足,便于公司更好地对既定战略进行评估,更好保障国家电网公司这艘巍巍巨轮行稳致远。

评 论

　　战略是个大问题,战略是方向,是旗帜,是根本。从企业到国家,但凡对未来发展有所谋划者,无一不考虑战略问题。战略制定之后并非一成不变,它在执行过程中受到诸多难以预见的风险挑战的制约。因此,需要在执行过程中分阶段地进行战略评估,并根据评估结果进行校正。进行战略评估不是一种随意行为,需要有一套科学完整的评估体系和评估指标。根据评估体系的要求,对照相关的评估指标,研究内外部环境的变化,分析各种利弊,方能得出正确的结论,在这个结论的基础上,对战略进行程度不同的校正调整。这样就能够保证企业发展不偏航,不脱离实际。作者在这些方面做了一定的思考,并形成文字,这个工作值得持续做下去。

管理工作要善于用"情商"

2013年,习近平总书记在与天津武清区下伍旗镇八百户村大学生"村官"交谈时说过,"做实际工作情商很重要,更多需要的是做群众工作和解决问题能力,也就是适应社会能力"[①]。情商,是人管理情绪、情感的智慧,是在对他人情绪正确感知的基础上,通过恰到好处的行为,从而控制自身情绪、回应他人情感,用有温度的管理手段解决问题、实现价值。这是一种能力,又是一种技巧。情商越来越多地被应用在管理学上,新时代的国企党员干部要全面提高工作能力和解决问题能力,就要用好"情商"。

习近平总书记强调的做实际工作所需要的"情商",需要党员干部在工作管理中能够懂得换位思考、严以律己、宽以待人、提高领导艺术,让管理更有温度,这是做人、做事的大智慧。

对他人情绪的感知,最简单的办法就是换位思考,放下架子,甘当"小学生"。己所不欲,勿施于人。换位思考,从字面上不难理解,就是变换个位置去考虑问题,不是从自己的角度,而是站在对方或者是第三方的立场上,去

---

① 《总书记亲传"情商工作法" 小村官力行"富民拿手活"》,中国青年网,2016年5月2日。

体验和思考对方的处境、对方的想法,从而感知对方情绪,实现情感上的沟通。这是一种心理上的体验与沟通,是理解,更是关爱。对于党员干部来说,只有常常换位思考,才能感知他人的情绪,不断提高管理的情商。换位思考,首先要做到对人对己同一标准。习近平同志初到正定担任县委副书记时还不满30周岁,当地的干部群众起初对他抱有将信将疑的态度,但是习近平同志以其朴实低调、亲和务实的作风,很快就打消了大家的顾虑。拿一件小事为例,当时正定县委食堂没有凳子,大家在食堂买了饭之后都会围蹲在一起吃,习近平同志见状就也加入其中,跟大家一块围蹲着吃饭。后来他还总结这样吃饭的三点好处,第一个好处是大家边吃边聊,相当于开了个座谈会,第二个好处是大家可以互相监督,第三个好处是可以不搞特殊。其次,换位思考需要以尊重他人为基础。有着7年陕北知青经历的习近平同志,深知"放下架子、甘当小学生"的道理。习近平同志每到一个地方工作,都要先看望老同志,关心他们的身体,聆听他们的建议。他主动与参与座谈调研的同志一一握手,对别人提出的合影要求,也总是欣然同意,于是他走到哪里都能够赢得当地干部和群众的拥护爱戴。

因此,用好"情商"就是要善于换位思考,准确感知别人的情绪,洞悉别人的心理,并且要经常主动换位思考,尊重别人的感受。对于群众而言,就是想群众之所想,急群众之所急。特别是在机关工作的党员干部要学会换位思考,基层同志对上级机关常常是怀着敬畏之心,对上汇报沟通时更是心怀忐忑,试想如果此时机关同志板着一张冷冰冰的脸,高高在上,势必影响沟通交流,造成政令不畅,贯通受阻,导致"上热中温下冷"的局面,因此机关干部要将"俯视"转变为"平视",设身处地为基层同志着想,经常到基层调研,主动问需,把基层同志热情迎进门做好服务,才能凝聚更多人心,激发更大能量,创造更多价值。

对自己情绪的控制,就是要严以律己,做到诚实守信"不越界"。诚实守信是中华民族的传统美德,严以律己最重要的就是做到诚实守信。习近平同志一直注重诚信建设,在福建工作期间,他就十分敬佩和赞赏陈嘉庚先生

"天行健,君子以自强不息"的儒商气质。陈嘉庚先生深知做生意与做人一样,要讲德行,在商场上遵守信用,在生活上崇尚勤俭,因此,陈嘉庚先生用诚信同时赢得了人们的敬仰。习近平同志一直以来的工作作风也充分反映了他诚实守信的作风。他在福州工作时,信守诺言,努力完成日本友人提出的请求,从感情上深深感染和打动了对方,促使这位日本友人在华捐设教育基金,一生致力于支持中国的发展和中日友好事业。"人而无信,不知其可也",国企中的党员干部尤其要时时刻刻做到立言立信,以诚待人,不"忽悠"人、不"折腾"人,恪守诚信、坚守承诺,才能树立起威信,赢得别人的信赖,凝聚更多人心,管理工作才能更具感召力。

对他人情感的回应,就是要宽以待人,做工作中的"有情人"。宽则得心、苟则失和。在习近平同志福建工作成长历程的采访实录中,当地的干部和群众都高度评价他的个人修养,说他非常注重团结,从来没见过他跟人发脾气,群众乐于和他接触、向他反映问题,党员干部向他汇报工作不会感到紧张。他对待干部和群众很有耐心,从来不打断对方说话,即使别人有不对的地方,他也不会当众批评人,有错误的,就给人家讲道理,让人心服口服。他鼓励干部大胆做事,只要为党为人民工作,他会谅解工作中出现的差错。当今社会,各行各业不乏"能人""强人",但却缺少"有情人",党员干部如果长期脱离实际、脱离群众,就无法与群众培养感情,无法回应群众的情感需要。习近平同志无论身处什么样的位置,都能始终做到真诚待人、团结同志。在协调厦门计划单列的各项工作中,涉及许多矛盾,习近平同志没有急于求成,而是在充分调查研究的基础上,带着感情与各个重要部门反复沟通、协调,在他的不懈努力下,工作一点点取得了进展,促使大家逐渐认可并最终达成一致,从而推动工作顺利完成。每个人的性格、习惯、爱好、价值观各有差异,无法强求一致,这就需要我们在管理中做到求同存异、相互谅解,拥有一个宽广的胸怀。

国企中的党员干部作为管理者,既需要管理的硬度更需要管理的温度,做到刚柔并济。秉持宽容谦和的态度,不仅可以保持自我,融入人群,也可以让人积蓄力量,在砥砺中前行,在奋斗中成长。特别是针对国企青年人数占比较大的特点,要同青年打成一片,做青年友,不做青年"官",既要讲道理,又要办实事,多为青年谋,发挥青年群体强大的力量,让更多的青年投身到企业的发展中,施展抱负、建功立业。

加强领导艺术的修炼,"跟我上"的精神更具力量。国有企业党员干部情商高低,关键在于领导力的水平,也就是领导艺术。领导艺术是领导者对追随者施加并为追随者自觉接受的正向的、积极的影响力和凝聚力。领导艺术要求党员干部又领又导,会领善导,才能获得同事的尊重和群众的真心拥护。解放战争时期,中国人民解放军的指挥员在战场上都是冲在最前面,大喊"同志们,跟我上"。"跟我上"而不是"给我上",只有一字之差,但是所表达的含义、达到的效果却大不相同。习近平同志在梁家河担任大队党支部书记时,在充分了解梁家河当地实际生产生活和村民们的文化程度、性格脾气等情况后,他以担当务实、敢闯肯干的工作作风,带领群众同甘共苦干事业,他发挥当地自身的优势,带领大家办沼气、办铁业社、打水井、办缝纫社等等,不仅解决了全村的生活问题,更给村里增加了收入,让群众切切实实尝到了甜头,得到了梁家河乡亲们的热情称赞和真心拥护。从梁家河到中央,从中央到地方,再从地方到中央,习近平同志从未改变过为人民谋幸福的初衷。

作为国企的一名管理者,要修炼自身的领导艺术,善于团结每一个人,发挥每一个人的优势,根据不同的管理对象,采用不用的管理手段,取长补短,因材施教。同时作为管理者最关键的就是要带头干,真抓实干,一级带着一级干,一级做给一级看,在急难险重任务中担当为先、带头实干、挺身而出。只有不断涵养担当的勇气和底气,增强担当重实干的能力,才能把各项工作做扎实,赢得管理的新突破。

"情商"归根到底还是"以人民为中心"这个根本出发点,主动站在党和人民的立场上看待得失,牢固树立正确的权力观、政绩观和群众观,谋利民之事,解群众之难,暖百姓之心。新时代党员干部能将"情商"运用得当,"刚性"政策与"柔情"操作融会贯通,就能在管理的实践中不断发挥更大的力量。

评 论

　　人最基本的两商即智商和情商。智商表达的是智力水平,情商表达的是对情绪、情感的控制和运用水平。在处理问题特别是管理问题中,要让管理有温度,必须学会用"情商"。习近平总书记是一位让人民时刻感到温暖的领导人,很大原因是习近平总书记强调并善于在治国理政实践中运用情商。习近平总书记所秉持并充分运用情商的工作理念,从本质上讲可以贯彻到企业管理的实际中去。但在技术层面需要根据不同的员工对象、不同的行业特点采取不同的方法。作者提出国企里运用"情商"的基本原则和要求,希望在今后的实践中得到不断的证实,在此基础上,能够形成新鲜经验,并用以指导持续进行的实践。

思想领航 悟道管理

运用精准思维解决问题的几点认识

习近平总书记在2022年春季学期中央党校（国家行政学院）中青年干部培训班开班式上强调，要强化精准思维。精准思维，强调深入地掌握客观情况，精准而不失全面地分析问题，要求针对客观实际精准发力，以小的切口为突破点解决问题，不搞眉毛胡子一把抓，反对用一般代替具体、用原则掩盖问题。大到企业的发展，小到人们的生活，总会碰到一个又一个需要解决的问题，而精准思维则是解决问题的一把金钥匙。只有在解决问题的过程中运用精准思维"把准脉""开准方""下准药"，才能最大限度地拉近目标与结果之间的距离，降低各项成本，提高解决问题的质效。如何运用精准思维解决问题，一般可以分为以下几个方面。

问题识别是前提。矛盾无时不在，问题无时不有。精准地识别问题是问题解决的前提条件，是推动发展的基础。把握事物发展的内在规律，树立强烈的问题意识和鲜明的问题导向，是对问题终结者的基本要求。管理中问题的识别途径有很多，但都需要发现者具有发现问题的基础性积累和能力，不断培养发现问题的敏锐性。问题是客观存在的，要善于精准识别问题。

调查研究是基础。调查研究是中国共产党的传家宝，也是做好各项工作的基本功[1],没有调查就没有发言权,更没有决策权。通过调查研究才能够精准地分析和理解问题,才能够明确问题背后真正的原因。在梁家河插队时,习近平同志发现当地煤炭资源匮乏,想为当地村民解决农村能源紧缺问题。可是当地流传着一句老话——"沼气不过秦岭",习近平同志坚持以问题为导向,通过调查研究去辨析沼气能否过秦岭。为了让梁家河的村民能用上沼气,他前往四川开展详细的调查研究,深入一线了解沼气的建设情况,并到科研院所考察沼气技术。正是基于这次调查研究的成果,最终建成延川县第一口沼气池。只有通过调查研究,才能认清问题本质,才能正确认识问题,正确地认识问题甚至比解决问题本身更重要,解决问题的精准程度往往取决于对问题实际情况的掌握深度,不能把天方夜谭当作宏伟蓝图来推进。

精准下药是核心。强化精准思维,要精准发力,打蛇打"七寸",解决问题要对症下药。不管在企业发展还是个人工作中遇到问题,都需要通过深入调研,科学分析,锁定问题的本质,因时、因势、因事有针对性地制定工作方案和有效措施,避免"手榴弹炸跳蚤"式的粗放管理模式。要提高工作中的精细化水平,以绣花功夫把工作做扎实、做到位。由于企业发展中所出现的问题往往不是单方面的,各部门都在业务链条上,因此牵一发而动全身,问题会呈现涉及面广、类型交错、层次较多的复杂特征,每个方面又有自己的特点,唯有找到适合问题的解决方案,精准下药,才能事半功倍。

大局意识是关键。习近平总书记强调要强化精准思维,做到谋划时统揽大局。运用精准思维解决问题,精准并不代表局限与孤立,而是放到一个系统中全面地剖析问题,关键是要有大局意识。站得高,看得远,才能够"不畏浮云遮望眼"。理清整体和部分的关系,才能够在解决问题中因地制宜,"深处种菱浅种稻"。如果没有大局意识,便会失去重点、层次混乱,难免会手忙脚乱、按下葫芦浮起瓢。习近平总书记十分重视重大决策的大局意识

---

[1] 张迎(导师:黎晓岚):《习近平关于调查研究的重要论述及其对党的工作作风的作用研究》,广西大学,硕士(专业:党团建设与管理),2020年。

以及精准分析,在扶贫工作中,他站在全局角度,系统地分析问题,针对扶贫工作提出了"六个精准",为脱贫攻坚之舟装上了决定前进方向的船舵,同时也为运用精准思维扶贫点出了关键所在。在企业发展中也时常会遇到"啃硬骨头"的常态问题,要树立大局观,以精准思维找准路子,"有的放矢"地化解体制机制上的顽瘴痼疾,以关键环节的疏通解决企业发展的难题①。

解决问题是目标。习近平总书记深刻指出:"要把抓落实作为开展工作的主要方式。"再美的诺言不实际落实,最终也只是画饼充饥,再好的蓝图不加以实施,终究也就是一纸空文,一分部署,九分落实。良策一经做出,只有坚定地执行才能解决问题。在解决问题的过程中,要强化精准思维,精准施策,抓准、做细,以锲而不舍的精神抓落实,在抓落实中解决问题。2019年4月,为了抓脱贫攻坚工作的落实情况,习近平总书记到重庆华溪村的农户家中考察调研,从北京到重庆,总书记千里奔波,不辞辛劳,只为了脱贫攻坚这件全国乃至全世界的大事。对于脱贫攻坚的落实情况,习近平总书记总是紧抓不懈,最终在中华大地上完成了消除绝对贫困的艰巨任务,创造了又一个彪炳史册的人间奇迹!精准发力,是精准思维在实践行动上的具体要求和体现②,知行合一,美好的愿景才能最终成为美丽的风景。

精准思维强调认识过程的精准细致,发现问题后,管理者通过调研分析,以透视的眼光看待问题,做到精准把脉。精准思维也强调分析过程的严谨性和系统性,从宏观的角度,由表入里,对问题要洞见症结,避免隔靴搔痒,做到开准方,面对症结对症下药,避免头疼医头脚痛医脚、要下准药。精准思维还强调求真务实,要求以钉钉子的精神,锲而不舍地攻克难题。随着企业发展,总会有新的发展问题不断出现,一时的解决办法无法保证一劳永逸,我们要运用精准思维,结合新的时代背景去认识问题、分析和研判问题,

---

① 许双双,周显信:《高质量发展战略转型中领导干部精准思维的内在要求和实践导向》,《领导科学》2019年9月16日。
② 《习近平新时代中国特色社会主义思想中的"精准思维"》,新华日报,2020年6月9日。

正面面对它,这样才能不断地克服困难。

评论

精准思维是习近平总书记强调的思维类型之一。所谓精准,就是要针对问题本质和根源,把解决问题的合力作用于合理的范围和空间里,以取得最佳的效果。精准的背后是科学的支撑,要运用一整套科学的方法才能实现精准思维。企业在高质量发展过程中,会迎来一个又一个亟待解决的管理经营上的问题。对这些问题的精准解决,就是逐步实现高质量发展的应有之义。要做到精准,何其难也。好在作者经过深入思考,从要素的角度提出了实现精准思维的几个关键点。这些关键点有哪些是原则性要求,哪些更具有可操作性,相信读者会有自己的判断。总的来说,在很多时候,对问题的精准提出,往往比匆忙给出答案更有启发意义。

担当篇

导言

习近平总书记指出,要勇于担当、善于作为。干事担事,是干部的职责所在,也是价值所在。党把干部放在各个岗位上是要大家担当干事,而不是做官享福。担当作为就要真抓实干、埋头苦干,决不能坐而论道、光说不练。担当和作为是一体的,不作为就是不担当,有作为就要有担当。凡是有利于党和人民的事,我们就要事不避难、义不逃责,大胆地干、坚决地干。习近平总书记深刻阐述了什么是担当、为什么担当、怎样担当的根本问题,是我们各级各界干部包括国企干部学会担当、勇于担当、善于担当的根本遵循。国企姓党,国企的干部是党的干部,要以党性来促担当。本篇内容主要是围绕担当所要具备的态度、能力,所要掌握的方法,所能够采用的方式等方面进行研究性的阐释,尽管限于篇幅,有些论述没有展开;也由于作者对该问题研究深入程度有待提高,有些论述还不够深刻。但是有不少观点以及一些观察问题的角度依然有价值。我相信不同的读者会有不同的收获。

调查研究是做好工作的一项基本功

调查研究是习近平总书记高度重视并始终坚持的工作方法,他曾在不同场合反复强调,党员干部要用好调查研究这一"传家宝"。在2019年春季学期中央党校中青年干部培训班开班式讲话中,总书记强调"要深入开展调查研究,真正把群众面临的问题发现出来,把群众的意见反映上来,把群众的经验总结出来"[①]。重视调查研究,习近平总书记一以贯之。

通过阅读记录习近平同志从政经历的系列书籍,我看到他遍布祖国大地的调研足迹。习近平同志调研的起点从梁家河开始,在担任党支部书记时,他走访过四川省5个地区共计17个县,细致考察不同地方沼气池建设的情况,回来后从群众的实际需求出发,建设了当地首座沼气池。在河北、福建、浙江、上海,他每到一个新的地方任职,首先就要开展调查研究,这也成为他一个鲜明的工作特点。在调研时,他把调研重心放在贫困地区、艰苦地区,深入群众了解他们真实需求和难处,想方设法为他们排忧解难。正是有广泛深入的调查研究做基础,党的十八大之后,国家出台的各项方针政策才

---

① 习近平:《在2019年春季学期中央党校(国家行政学院)中青年干部培训班开班式上的讲话》,新华网,2019年3月1日。

更符合实际、更切实可行、更有效管用,才能最终转化为实现阶段奋斗目标的政策指引。

同理,对于企业而言,做好调查研究对企业的生存发展也是至关重要的。唯有认真开展调查研究,企业出台的各项方针及管理政策才能切实符合实际需求,企业才能不断发展。反之,如果企业的管理方针、发展方向脱离实际需求,企业发展就会遇到挫折或经济活动产生损失。作为一名企业管理者,我们必须要向习近平总书记学习,要特别重视在决策前开展充分的调查研究,在努力提高调查研究的能力和水平的基础上,始终让调查研究切合企业发展实际需求,为企业正确发展、高质量发展奠定坚实基础。

做好调查研究,务必要找对、找准核心问题。问题找不准、找不对,调查研究也就失去了"靶心"。从习近平同志的工作经历中,不难发现他的调查研究方法是"带着问题下去",开展有目的、有计划的精准调研。我们在开展调研工作时,也要聚焦工作重点难点问题,密切关注矛盾集中、基层反映、员工关心的问题,力求把存在的问题找到找准、找全找实,带着问题去调研,才能实现有的放矢、对症下药。习近平同志在基层从政时就特别注重到贫困地区、艰苦地区进行调研,他指出:"我们中国共产党人干革命、搞建设、抓改革,从来都是为了解决中国的现实问题。"[1]因此,开展调查研究要多去困难较多、情况复杂、矛盾尖锐的地方,发现问题解决问题。正确发现问题是开展调查研究的基础,也是推动调查研究取得实效的前提。

做好调查研究,我们要做到深入基层、深入群众。经验在基层,智慧在群众。在实际工作中,很多管理人员由于工作事务繁忙,不到或者很少亲自到基层调查研究。这样既无法摸清真实情况,也不能发现关键问题,所谓"耳听为虚,眼见为实",要想搞清楚、弄明白事情的真相,最好的办法就是自己去现场走一趟。作为企业的管理人员,我们要多到生产现场和工作一线,搜集来自一线的实际需求,倾听各级干部员工的心声,既要听成绩,更要听

---

[1] 《习近平谈治国理政》(第一卷),外文出版社,2014年,第74页。

问题。例如,在开展岗位实践期间,不同专业背景、不同岗位背景的小组成员共同带着问题深入基层、深入一线,认真倾听调研课题存在的问题,热烈讨论改进措施,整个调研过程对于调研双方都有很多启发,为问题的顺利解决打开了良好的开端。

做好调查研究,要秉承求真务实的工作作风。习近平总书记曾严厉批评"名利式""盆景式"等"走形式""走过场"的调研。他多次强调,要从客观实际出发,始终坚持实事求是的原则。在实际工作中,我们要按照总书记的要求来做。公司领导多次要求,各级干部下基层调研不是看展板而是掌握数据,不是在会议室听汇报而是要到一线现场了解实际状况。作为一名企业管理人员,要遵照习近平总书记的要求,立足实际,实事求是地开展工作。有时,在工作中会遇到上级下发的统一标准不完全适用于本地区生产实际的问题,这时如果只唯上、不唯实,不从实际出发开展工作,结果就会造成将来更加严重、甚至不可挽回的不利局面。而尊重客观实际,及时进行沟通,既能解决面临的现实问题,也能为上级制定标准的全面性、普遍性提供参考和支持,实现"双赢"。

做好调查研究,最终要将成果应用于实际工作。调查研究的过程就是实践、认识、再实践、再认识的过程,最终为解决问题探索方法是开展调查研究的意义所在。当前,有些调查研究还只是始于调研,终于形成调研报告,至于问题是否解决,成果运用与否则没有下文。习近平总书记对此专门指出,评价调查研究是否搞得好,关键是看能否把问题解决好。结合岗位工作实际,我认为在开展专业工作调研时,不仅要关注问题产生的原因,更应该重点分析、研究解决问题的方法、路径、举措,最后要积极协调资源、整合资源,真正做到将调查研究的成果有效转化成具体的管理措施,建立长效机制,实现调查研究落地。

"纷繁世事多元应,击鼓催征稳驭舟。"调查研究不仅是我们党的优良传统,也是推动党和人民事业不断朝着正确方向发展的关键。在今后的工作中,我们唯有深学笃行习近平总书记关于调查研究的重要思想,坚持运用好调查研究这个重要工作方法，不断提升调查研究实践的能力，才能更好地把工作做细、做深、做得有效果，不断为建设新时代中国特色社会主义贡献自己的力量。

评 论

> 不调查研究，就没有发言权，更没有决策权。我们党历来重视调查研究工作。习近平总书记对做好调查研究有一系列重要指示要求，而总书记更是践行调查研究的典范。把总书记关于加强调查研究的要求贯彻到实际工作中，学好用好总书记做好调查研究、解决实际问题的方法，力争做到知实情、明实况，为实事求是地开展工作打下基础，这是企业管理者的一门必修课。难能可贵的是，作者不仅认识到调查研究的必要性、重要性，而且认识到好的调查研究应该在何时开展、应该坚持何种原则开展，为从理论认识到实践开拓打开了一个门径。

\担\当\篇\

坚持实事求是是企业管理的关键所在

习近平同志曾说:"回顾党的历史,我们可以清楚地看到,什么时候坚持实事求是,党就能够形成符合客观实际、体现发展规律、顺应人民意愿的正确路线方针政策,党和人民事业就能够不断取得胜利,反之,离开了实事求是,党和人民事业就会受到损失甚至严重挫折。"[①]

党的十八大以来,习近平总书记曾在纪念毛泽东同志诞辰120周年座谈会、庆祝改革开放40周年大会、中央党校(国家行政学院)中青年干部培训班开班式上多次对为什么要实事求是、怎样坚持实事求是等问题做出深刻论述,强调实事求是的重要意义。那么,在企业日常管理中,我们该如何判断自己是否做到实事求是、如何判断自己的行为是否符合实事求是的标准呢?

实事求是的重要前提是实践。习近平总书记曾说:"坚持从实际出发,前提是深入实际、了解实际,只有这样才能做到实事求是。"[②]重视实践并不会弱化理论的意义,因为正确的理论能够经得起实践的检验,而且能够有效推动和促进实践。在企业管理中,党员干部联系实际学理论,并将理论转化

---

① 习近平:《坚持实事求是的思想路线》,《学习时报》2012年5月28日。
② 习近平:《坚定信念对党忠诚要信一辈子守一辈子》,《学习时报》2021年9月3日。

为指导实践的本领；领导干部时常深入一线基层，想群众之所想，急群众之所急，"俯下身子、放下架子、撂下面子"，为群众办实事、解难题；我们常说的"实践是检验真理的唯一标准""摸着石头过河""黑猫白猫，抓住老鼠就是好猫"，都是这个道理。20世纪80年代初，习近平同志到河北省正定县工作。为了解正定农村现状，他走访了不少群众，召开了形式多样的座谈会，了解到许多实际情况。此外，为了弄清正定经济发展的主要问题，他对全县工作展开梳理，最终提出正定应该走"半城郊型"经济的发展路子。全县上下围绕解放思想、改革发展做文章、找出路，大力开展多种经营，大搞农工商，使正定经济进入了发展的快车道，很快甩掉"高产穷县"的帽子。[①]此后，无论是在厦门、宁德、福州工作期间，还是在浙江、上海以及到中央工作以来，他始终坚持实事求是的工作作风，"基层""调研""实践"等词汇常见于他的讲话指示当中。习近平总书记坚持从实践中获真知的言行勉励着各级干部积极走进社会、走近群众、走向基层，不断开拓实践领域。

　　实事求是是以数据为依托，用数据说话。通常情况下，由于对信息的需求并不是多维度的，因此我们会习惯性地注重自己所选择的东西，而忽视其他不感兴趣的东西，这样容易对自己兴趣之外领域的真实情况认知不够客观、不够全面，导致产生"茧房效应"。在企业管理中，"茧房效应"会让企业的决策以"相信感觉拍脑袋"的方式而产生。众所周知，只有以真实数据为基础形成的决策才是最科学、最具说服力的，以数据为基础的决策方式能够在实践中不断更新、不断完善，使决策结果不断趋于合理、趋于完美，最终达到走出"茧房"，实现科学决策的目的。1982年，初到正定任职的习近平同志，怀着为百姓谋幸福的初心，一心只想为基层百姓做一些实实在在的事情。他既"心到"基层，又"身入"基层，持续开展调查研究。他不驰空想，不骛虚声，既把"实事"弄清楚，又把"求是"搞透彻。不仅骑着自行车跑遍全

[①] 中央党校采访实录编辑室：《习近平在正定》，中共中央党校出版社，2019年，第4页。

县,更是赶在县城大集的时候,带领县委工作人员在主要街道上摆上桌椅,发调查表,请老百姓给县委、县政府提意见和要求,寻求"源头活水"。①这样大规模的调查问卷,是习近平同志调研的基本方法之一,也正是通过这样较为原始的方式,积累了大量的基础数据,真正解决了老百姓特别具体、特别实际、特别关心的问题。

实事求是是就事论事,即"对事不对人"。在企业管理工作中,将"人"的主观性与"事"的客观性分开考虑,聚焦事情本身,而不过分关注人的做事动机,更不因此上升至人格的评判。既不因人废事,也不因事废人。理性地以"事"为中心,用正确的世界观、人生观、价值观,处理好"科学"与"粗放"、"公平"与"偏袒"的关系,正确地分析并解决企业管理中存在的问题。习近平同志任职正定县委书记时,曾接到一位农村青年指责他的来信。信中提到,县委抓商品生产是雷声大雨点小,是耍花架子,并且还从4个方面提出了见解。②可习近平同志不但没有丝毫不悦,反而觉得这样的青年可以进一步考察,确实有真才实学,就请来负责村里的商品生产。时年30岁的习近平同志,面对指责,呈现出的是对人才的赏识,是发现人才的喜悦,这样广阔的胸襟,又怎能不叫我们敬佩呢。也正是种种这样的小事,充分彰显了习近平同志对实事求是清晰的认识和不懈的追求,将实事求是的工作作风诠释得淋漓尽致。

我们再来看一看实事求是的工作作风,在企业管理中是如何得到诠释并发挥重要作用的。

当年,华为与思科结束了在美国的"世纪诉讼"后,任正非便启用了"备胎计划",要打造属于华为自己的芯片和操作系统,即使谷歌、微软不与华为合作,华为也不会垮掉。该计划的负责人也表示会尽可能节约成本,让芯片

---

① 中央党校采访实录编辑室:《习近平在正定》,中共中央党校出版社,2019年,第198页。

② 中央党校采访实录编辑室:《习近平在正定》,中共中央党校出版社,2019年,第151页。

的试生产一次成功。不过任正非听到表态并没有很高兴,反而十分严厉地说:一次成功违反了实事求是的原则,我们是允许犯错的。不仅如此,在2022年2月27日华为智慧办公春季发布会上,公司高级副总裁更是坦言华为处境十分艰难,正面临着巨大挑战。这种不回避事实、不掩盖困难、不美化矛盾、不麻痹自我、更不忽悠民众,坦然面对问题,绝不弄虚作假的态度,便是实事求是的有力证明。

不难看出,无论是国家还是企业,"实事求是"的工作作风在基本思想方法和工作方法中都扮演着十分重要的角色。它是马克思主义的精髓,是马克思主义活的灵魂。作为新时代的青年马克思主义者,更要以实事求是为前提,立足"两个大局",胸怀"国之大者",坚定不移地走中国特色社会主义道路,为实现第二个百年奋斗目标、实现中华民族伟大复兴的中国梦贡献属于我们的青春力量。

评 论

实事求是最简单,实事求是也最难,实事求是也最好。简单在于它本来就是客观存在的事实,难就在于全面认识和把握它需要克服主观认识上的各种矛盾,好就在于它一直是我们党所秉持的最有效的思想方法、工作方法之一。实事求是是我们想办法、出决策、做事情的基本前提,依靠它和坚持它,我们才能不脱离实际、不脱离群众,才能脚踏实地、充满力量。企业管理者在工作中、生活中同样需要一贯秉持实事求是这个法宝,才能助推国企这艘航船行稳致远,永不偏航。

抓反腐倡廉建设如何做到系统施治

腐败是一个历史性、世界性的难题。事实证明,反腐败是一项长期、复杂、艰巨的任务,不可能一击制胜。任何零打碎敲、哪疼医哪的做法都无法从根本上解决问题。抓反腐倡廉如何能抓得好、抓得到位,习近平同志从他多年的从政经历中得出的一条经验就是坚持"系统施治"。所谓系统施治,就是在全面客观地了解掌握事物的总体与全局,以及各要素之间联系与结合的基础上,按照事物本身的发展规律,结合现状,统筹兼顾,系统谋划,综合施策,进而实现科学有效治理。这不仅仅是治标之举,更是治本之策。

在《自然辩证法》一书中,恩格斯提出如果将整个自然界比作一个系统,那个系统就是由各种物体之间相互联系所构成的一个总体,而物体指的是物质存在。系统观念是马克思主义关于世界万物关系的基本观点,也是马克思主义认识论和方法论的重要范畴。在习近平同志30多年的从政实践中,他始终坚持马克思主义系统观,结合实践逐步丰富形成了系统施治的治理理念与方法。在正定工作期间,他针对干部作风问题,提出"六项规定",从根本上扭转了风气;在福建工作时期,他主张通过建立一套完整的制度机制体系,进而更加系统全面地对权力进行制约与监督,而建立这种制度机制的目的就是为了能够从源头上、根本上杜绝消除腐败土壤;在浙江工作时期,他提出要以惩戒与警示来强化"不敢为"、以制度与机制的建设来强化"不能为"、以提升素质教育来强化"不想为",进一步将反腐倡廉工作抓到实处;在上海工作时期,他将"三不"实践进一步深化,强调要在坚决惩治腐败问题的同时,更加注重根本治理、更加注重预防腐败发生、更加注重反腐败的制度机制建设,聚焦教育、制度、监督、惩处、改革等五方面,全面协同发力、整体推进。党的十八大以来,以习近平同志为核心的党中央把一体推进"三不"作为系统治理腐败的根本举措,反腐败的主动性、系统性、实效性得到了极大增强,处置化解存量、以监督遏制增量、以提高觉悟治本的效应持续叠加,反腐败斗争取得压倒性胜利并全面巩固。应该说,习近平同志系统施治的治理理念与管理方法,充分彰显了马克思主义的世界观与方法论,充分展示了他卓越的政治智慧。

对于国有企业而言,如何运用好系统施治的理念与方法,将反腐倡廉建设推向深入,关系到国有企业做大做强,关系到国家经济命脉巩固发展,关系到民心向背、社会稳定。作为企业管理者,必须要准确把握系统施治的内涵逻辑和关键要点,不断提升自身的管理能力与水平。

实现系统治理要做到统分结合,顶层设计。党风廉政建设与反腐败工作是一项非常复杂又非常系统的工作,包含着各个领域、各类要素相互间的综合反映和系统呈现。统分结合、顶层设计就是要科学分析当前党风廉政建设与反腐败工作中存在的问题,找准主要的矛盾点以及矛盾点中的主要方面,结合行业领域、单位结构、人员成分等特点,按照全面推进、多点发力原则,分层级、分领域有针对性地开展顶层设计,力求统有系统方案,分有具体措施。在推进廉洁文化建设方面,国网天津电力贯彻落实中央关于《关于加强新时代廉洁文化建设的意见》,因地制宜统筹实施信仰"筑"廉、文化"润"廉、教育"助"廉、阵地"促"廉、活动"兴"廉"五项行动",总体推进廉洁文化建设。同时,聚焦阵地建设、警示教育等重点,通过构建"1+1+N"两级三层的教育矩阵,建立基层"警示教育日"机制等具体举措,实现以重点突破带动全局推进,确保加强廉洁文化建设的各项要求落实落地。

实现系统治理要做到整体考虑、全面涵盖。"不谋全局者,不足谋一域。"加强反腐倡廉建设涉及深化"两个责任"落实、有效惩治预防腐败、从严纠"四风",以及完善配套的制度机制等多个方面。整体考虑、全面涵盖就是要把反腐倡廉建设看成一个整体,将反腐倡廉建设的总体思路与实施方案涵盖到企业管理的各个领域、各个层级、各个环节,使反腐倡廉建设的触角深入到企业体制机制运行的方方面面。比如,在健全党风廉政建设和反腐败工作责任体系,夯实各党组织和党员干部管党治党责任等方面,国网天津电力坚持将抓反腐倡廉建设工作和抓公司中心工作一同谋划、一同部署、一同推进,以制定下发全面从严治党主体、监督"两个责任"清单、涵盖党委书记等8类人员差异化的履责卡,结合公司中心工作每年发布"两个责任"重点任务等方式,将全面从严治党主体责任有效落实在企业生产经营等各方面、各环节,形成横向到边、纵向到底的责任体系。

实现系统治理要做到协同联动,共同推进。推进反腐倡廉建设不单单只是纪委的事,需要党委、纪委、领导班子及成员、职能部门、业务部门等各方共同协作,党员群众共同参与、积极支持。协同联动、共同推进就是要精准把握反腐倡廉建设中各个主体、各个要素间的相干性问题,通过健全完善贯通联动、有效衔接的工作机制,促进各主体、各要素之间的拉动效应,进而形成各方齐心协力、共同推进反腐倡廉建设的良好态势。比如,在完善权力运行制约和监督机制方面,国网天津电力着力构建全方位的合规管理体系,促进各专业完善并落实企业管理各项制度,不断优化工作流程,实现以机制防范漏洞、以规范制约权力的有效管控。同时,坚持把党内监督放在主导地位,健全完善纪检、审计、法律、组织人事等贯通联动的大监督体系,通过定期召开协同监督联席会议、重大问题线索研判移交等机制,强化优势互补,提升监督质效,使监督深度融入公司治理体系,为公司健康有序发展保驾护航。

实现系统治理要做到常态长效、闭环迭代。衡量企业治理成效的好与坏,很重要的一点就是看问题是否彻底解决、整改是否常态长效。如果某类问题总是前改后犯、纠而复发,甚至是引申出其他问题,很大程度上是因为

思想领航 悟道管理

治理模式不够闭环，手段方式也不够长效。常态长效、闭环迭代就是要立足长远、标本兼治，既着力解决推进反腐倡廉建设当下面临的实际问题，又充分考虑反腐败形势发展中可能出现的新问题，从体制机制层面着手设计，通过完善动态跟踪、过程纠偏、结果评价、反馈改进等一整套闭环螺旋上升式的管理模式，推动反腐倡廉建设不断迭代提升。比如，抓实巡视巡察"后半篇文章"方面，国网天津电力构建"2+3+2"保障体系，组织开展两级整改销项，同时，健全问题整改质效评估机制，探索实施问题整改质效专项巡察，形成了整改-巡察-再整改的完整闭环，实现问题长效解决，纳入常态化监督管控，有效发挥巡视巡察利剑作用，促进反腐倡廉工作持续深入。

"逆水行舟用力撑，一篙松劲退千寻。"在十九届中央纪委六次全会上，习近平总书记深刻地指出了当前国内反腐败的形势，强调了"四个任重道远"，并以此告诫全党，腐败和反腐败的较量还在持续而激烈地进行着。总书记要求我们必须保持头脑的绝对清醒，强调反腐败永远在路上。在实现第二个百年奋斗目标的新征程上，我们必须学深悟透习近平总书记关于全面从严治党的重要论述，坚持运用好系统施治的理念与方法，纵深推进国有企业反腐倡廉建设，持续深化不敢腐、不能腐、不想腐一体推进，力争取得更多的制度性成果与更大治理成效，更好地发挥国有企业"六个力量"。

评 论

> 权力导致腐败，绝对的权力导致绝对的腐败。要避免绝对的腐败，就要制约绝对的权力、监督绝对权力的使用。制约有硬性制约和软性制约，高压震慑让人不敢腐、严格法纪让人不能腐、提升境界让人不想腐。企业也在权力运行的不同环节中存在廉洁风险，这样的廉洁风险需要管控，否则将对企业的健康稳定发展产生不良的影响。企业如何构筑不敢腐、不能腐、不想腐的格局，既要从总书记的教导中寻求理论支撑，更要在理论与企业实际相结合过程中获得实践支撑，为企业营造一个风清气正的发展环境打下坚实基础。

\担\当\篇\

要学会摸着石头过河

"摸着石头过河"是我们党在开拓创新、拓荒探索过程中总结的重要历史工作经验,习近平总书记十分重视"摸着石头过河"这个工作方法。2021年,习近平总书记在福建考察时指出:"对重大改革要坚持试点先行,取得经验后再推广,摸着石头过河的改革方法论没有过时,也不会过时。"①面对当今复杂的国际、国内环境和百年未有之大变局,国有企业面临多重考验,更需要我们坚持开拓创新,勇于拓荒探索。开创管理新局面,实际上就是要学会摸着石头过河。但如何实现摸着石头过河的任务,我认为应该从"敢摸""会摸""能摸"这三个方面做好相关工作。

首先要"敢摸"。"摸着石头过河"的实践主体要有大胆闯、大胆试的首创精神和敢于负责的开阔胸襟,面对困难和挑战要敢于尝试,看准了的就敢试、敢闯,没有一点闯、试的精神,就不会走出一条新道路、尝试不出一条新方法、拼搏不出一片新事业。习近平同志在福建任职时亲自抓的福建林改工作是最具有代表性的"敢摸"案例,习近平同志2002年在福建任职时,做出

---

① 习近平:《摸着石头过河的改革方法论没有过时》,央视网,2021年3月23日。

了"集体林权制度改革就是要把家庭联产承包责任制从山下转向山上"[①]的重要批示。2003年,福建三明市全面启动林权制度改革,每家林户都拿到林地产权,百姓得到实际收益,开展林地产权制度改革取得了极大的成效。

  作为一名电网基建战线的人员,我在电网建设过程中遇到问题也要敢想、敢试,敢于寻找和触碰问题的根本原因。比如近年来我发现随着国家工程建设项目审批制度改革、政府机构改革的不断深入,工程开工前期手续外部审批形势已经发生很大变化,审批流程也随之全面调整,公司内部两个不同部门负责同一工程前期手续办理的分段管理模式已不适应外部审批形势,我们敢于破题并及时提出了"两个前期一体化"改革建议,推动将前期管理工作进行融合,对岗位、职责、人员进行整合优化,2021年选取3家基层单位开展了试点工作,取得了极好效果,今年将在全部基层建设管理单位推行实施。

  其次要"会摸"。"会摸"就是要结合实际、实事求是、做好调查研究。"摸着石头过河"的哲学思想是辩证唯物主义的实践观,一切以实际情况为转移。调查研究是习近平同志多年的工作作风,习近平同志在正定县工作时,就极其重视调查研究工作,任县委书记不久,他就给正定"四大班子"写了一封"共勉信",鼓励、号召大家"着眼于基层,着眼于实际"[②]。习近平同志在福州任市委书记时,发现工程项目开工手续审批慢等问题,提出"一栋楼办公"、减少图章和公章"旅行"等建议和要求,福建"一栋楼"集结20多个政府审批部门和服务单位,可以在一栋楼里办完全部开工手续,再也不用去各个审批部门跑。现在好多省市也都成立了行政许可服务中心,与福建"一栋楼"作用相近,但在30年前就能做出这种决断,体现了习近平同志解决问题的敏捷思维和超凡能力。

---

① 中央党校采访实录编辑室:《习近平在福建》(下),中共中央党校出版社,2021年,第14页。

② 中央党校采访实录编辑室:《习近平在正定》,中共中央党校出版社,2019年,第68页。

我在实际工作中同样更需要加强工作调研,从实际出发,为基建前期专业管理解决难题。比如要下达或印发相关专业管理文件前,要积极征求基层单位意见,做好基层单位调研,认真研究文件内容是否符合工作实际要求,做到先调研、后实施、再落实;作为前期专业管理人员,要建立问题反馈渠道,建立问题反馈机制,以问题为导向,积极努力为基层单位解决问题。比如我建议开发基建工程前期政企协同管理系统,将平时应用的基建全过程管理平台与政府政务审批系统、市公安电子印章系统进行对接,实现工程前期手续办理状态的自动获取,实现了前期手续的电子用印,解决了基层单位前期手续办理状态获取不及时、前期手续用印盖章效率低等问题。

最后就是要"能摸"。在企业改革过程中,可能有一些投机取巧的人,本应该是"摸石头",但却是在"摸鱼""摸金子";还有一些涉及法律红线的"石头"也是不能碰的,企业在拓荒探索的过程中一定会有很多新方法、新模式,但是这些必须是在法律框架下开展,突破法律法规的做法是不能要的。"摸着石头过河"更准确地说,只能是在浅水区"摸石头",比如我们中国改革前30年是自下而上的,就是"摸着石头过河",但到了深水区,就不能再摸,就需要顶层设计。

作为一名主管工程开工前期手续的电网建设者,加快办理工程建设项目审批手续是我的重要工作,它关乎着项目能否顺利开工建设、按期竣工投产。近年来我们加强与市政务服务办、市规划资源局等政府审批单位的对接沟通,总结分析前期审批问题,提出具体解决建议,积极争取简化优化电网建设项目审批政策,累计取得具体支持性措施70余项,电网建设项目审批时限减少30%以上,但是一些前期管理人员却不满足于此,觉得为了工程建设项目早日开工建设,突破一点点法律法规也不会有什么大问题,比如涉及占用农用地的建设项目,在用地申请已经上报但还没有批复的情况下,就安排施工人员进场施工建设,这种做法就存在着很大的法律风险,这就是不能摸的"石头"。

成功从不属于踩着别人脚印向前走的人,没有探索的勇气和头脑定会被快速更迭的时代所淘汰。如果企业管理只是循规蹈矩、按部就班、墨守成规,就无法及时跟上社会发展的步伐。只有勇于拓荒探索,另辟蹊径、敢闯敢拼,才会赢得未来,才能不断开创管理新局面。

评 论

> 百年大党,百年创新。我们党的产生、发展、壮大,在一个积贫积弱的国家实现民族独立,人民解放,完成社会主义革命,进行社会主义建设、改革,全面建成小康社会,开启全面建设社会主义现代化国家新征程,靠的就是不断地在理论和实践领域里实现创新。敢于创新、善于创新,也是企业在激烈竞争中立于不败之地的重器。"摸石头过河"包含探索、实践与创新等要素。敢摸、会摸石头是一个方面,另一方面是要在有石头的河摸石头,即把力量、精力和时间放在推动企业高质量发展的主战场上。这个主战场才是我们要过的河。习近平总书记关于创新的一系列讲话和指示要求,是我们开展创新的遵循,要学思践悟,才能不断进步。

扛起企业科技创新责任

党的十八大以来,习近平总书记把创新摆在国家战略发展全局的核心位置,高度重视科技创新工作。党的十九届五中全会明确提出"要提升企业技术创新能力,强化企业创新主体地位"[①]。这些重要决策部署充分体现了以习近平同志为核心的党中央对中国企业加快科技创新步伐、提升科技创新能力的高度重视和殷切期望。当今世界,科技创新已成为世界各国博弈的主战场,只有掌握核心技术,才能从根本上保障国家经济安全和国防安全,才能在日益激烈的国际竞争中占据优势地位。企业作为科技创新的主体,应充分认识到科技创新是重大的政治责任,事关民族企业发展前景,事关民族复兴伟业,应当扛起科技创新的主体责任。

企业科技创新首先要做好体制机制保障。作为国有企业,应积极履行责任,主动承担科技创新主体责任,企业的科技创新是一项系统工程,创新体制机制建设这一保障工作至关重要。好的创新体制机制可以实现创新要素的高效配置,充分调动各方积极性,有效释放创新活力。企业要根据不同

[①]《中共中央关于制定国民经济和社会发展第十四个五年规划和二〇三五年远景目标的建议》,中国政府网,2020年11月3日。

时期和不同发展阶段的创新需求,做好创新体制机制建设和完善,只有体制机制不断创新,才能适应新形势下科技创新的发展需求,如果体制机制跟不上科技创新发展需求,企业的创新能力和创新效果将会大打折扣。

习近平同志在基层工作期间,就注重从体制机制方面加强科技创新保障。他任福建省委副书记期间,指导南平市探索科技特派员制度,并带动形成了一套完善的科技特派员制度,该制度把科技创新多维要素与农村产业结构有机融合,极大改变了农村资源配置和供给方式,为农村脱贫攻坚提供了内生动力,创造了外部条件[①]。2004年,习近平同志在浙江任职时指出,要坚持科技体制改革,通过完善科技创新政策提升科技工作水平。作为一名一线科技工作者,我近年来深刻体会到了公司在科技创新体制机制上开展的一系列积极探索。为高效整合创新资源,2019年,公司成立了科技创新中心,下设6支柔性创新团队,作为智能用电团队的负责人,我和电科院、营销服务中心、城东公司、滨海公司等单位的用电科技骨干组成攻关团队,以"人的融合"带动创新资源融合,打破各单位间的行政壁垒,形成了科技创新从业务需求、技术攻关到示范应用的闭环链条,为我们开展联合创新提供了高效平台。同时,公司相继推出项目"揭榜挂帅"制、加大考核激励权重等一系列措施,我深刻感受到周围同事的创新热情日渐高涨,整体创新氛围愈加浓厚,公司创新活力充分激发。

企业科技创新要加强对外合作交流。企业作为科学技术转化为生产力的主体,应把核心技术牢牢掌握在自己手中,更应意识到,在世界全球化发展大势中,企业不能单枪匹马搞创新。作为科技创新体系中的关键一环,企业要以市场需求为导向,持续深化对外交流合作,与科研院所、各创新主体联合形成创新生态圈,牵引和推动创新技术落地生根。企业要发挥好创新平台引领辐射作用,不断开辟多元合作渠道,通过搭建创新载体有效聚集创

---

① 中央党校采访实录编辑室:《习近平在福建》(上),中共中央党校出版社,2021年,第13页。

新资源,对接创新要素,通过推进产学研深度融合实现联合创新。

习近平同志在梁家河插队时,开放创新的理念就深植于心,他亲自赴四川交流学习先进技术,建设沼气池,解决了农村缺煤缺柴的问题。在推动浙江科技创新工作中,习近平同志也格外注重加强对外交流合作。2003年,他带队赴清华大学交流访问,共建浙江清华长三角研究院,联合开展科技创新,为长三角区域发展注入科技动力。现在,长三角研究院已经成为省校合作的典型样板,聚集了大批科技项目、科技成果和高层次人才,对浙江科技创新和经济社会发展起到重要的促进作用[①]。我们公司在科技创新工作中也一直秉持开放创新的态度,主动与南瑞集团、清华大学等产业单位和科研单位加强交流合作,组建了一支产-学-研-用结合的核心创新团队,深入提炼公司在践行"双碳"目标、新型电力系统建设过程中的技术需求,近年在配用电领域开展了深入的科技合作,先后共同承担国家级研究课题5项、省部级科技项目20余项,在公司开展了多项重大技术先行先试。在科研基础能力建设方面,我们团队与中国电力科学研究院、国网北京电力围绕电能替代技术先后开展了多次交流研讨,并发挥各自研发优势,围绕电能替代政策标准研究、全环境应用验证、多能优化利用三个方向,成功联合申报国网公司电能替代联合实验室,以该实验室为平台共同推动北方地区电采暖技术推广应用。

企业科技创新要重视基础研究工作。基础研究是科技创新的基础性工作,所有卡脖子技术、瓶颈技术、尖端技术的突破,必须依靠基础创新和原始创新。当前,我国在重大技术攻关中取得了一系列重大突破,但在基础研究领域与世界领先水平相比仍存在较大差距。企业要想在空前激烈的市场竞争中赢得主动权,就要从创新链的最前端开始做好布局规划,高度重视基础研究工作。基础研究是提升企业原始创新能力的重要途径,企业的科技工

---

① 中央党校采访实录编辑室:《习近平在浙江》(上),中共中央党校出版社,2021年,第333页。

作要遵从科学研究的一般规律,立足公司基础研究现状,重视战略性、前瞻性和基础性的重大科研布局,加强基础研发投入,持续提升原始创新能力。

习近平同志高度重视基础研究在科技创新中的重要作用,2006年,习近平同志在浙江领导制定《浙江省科技强省建设与"十一五"科学技术发展规划纲要》时,就极具战略眼光和超前思维,把基础研究纳入规划范畴。在2021年两院院士大会上,习近平总书记再次提出,加强基础研究是科技自立自强的必然要求,要从实际问题中凝练科学问题,弄通"卡脖子"技术基础理论和原理[①],为科技创新工作提供了根本遵循。纵观世界各国企业发展史,凡是在国际竞争浪潮中立于不败之地的,无不高度重视自主创新,尤其是基础创新工作。近年来,公司持续加大对基础研究工作的投入,鼓励一线科研人员勇涉科研深水区、技术无人区,尤其是在科技立项中支持我们开展基础前瞻类研究,电科院科研骨干们先后承担了能源互联网、电力物联网等领域多项国家级重大研究课题,攻克了静止同步串联补偿、虚拟同步机等系列"卡脖子"技术,在重大科技领域不断取得新突破。2022年,在推动新型电力系统建设过程中,我们发现在综合能源统一理论、储能热失控原理等领域存在大量迫切需要突破的基础研究问题,为帮助科研人员解决这些问题,公司积极与天津市科技局对接,联合探索基础研究合作新模式,双方共同设立了天津市应用基础研究项目,聚焦我市能源电力发展关键核心问题,与科研院所共同开展相关应用基础研究,提升天津市能源电力产业的基础创新能力。

可以看出,习近平同志在基层工作期间,就注重从体制机制建设、战略布局、交流合作等方面提升科技创新能力,以科技创新为驱动力推动农村和城市发展。党的十八大以后,以习近平同志为核心的党中央把科技自立自强作为国家发展的战略支撑,且明确提出提升企业技术创新能力,强化企业创新主体地位。因此,企业要牢固树立创新发展理念,以高度的责任感、使

---

① 习近平:《在两院院士大会、中国科协第十次全国代表大会上的讲话》,中国政府网,2021年5月28日。

命感和紧迫感系统谋划创新工作,统筹技术创新和基础创新,做好科技创新规划布局,不断完善创新体制机制,实现创新要素优化配置,持续释放创新活力,以科技创新引领企业高质量发展。

评论

> 创新是企业发展不竭的动力,也是企业发展所依仗的核心要素。创新的内容和领域十分丰富,创新要求全面创新、全过程创新、全方位创新。对企业而言,科技创新是一切创新中的核心,是"牛鼻子"。创新有风险,有些风险还很大,所以创新呼唤担当。担当不是逞匹夫之勇,担当不仅仅需要勇气,更需要智慧和方法。本文作者结合自己的学习体会,提出企业在科技创新中善于担当的若干经验,既有理论上的思考,也有实际工作实践的检验,难能可贵。

思想领航 悟道管理

做一名长期主义者

习近平总书记说:"我们说一张蓝图抓到底,不仅需要科学决策,也需要思想境界。什么思想境界?就是功成不必在我。"[①]总书记的这段论述深刻揭示了长远利益与眼前利益、革命利益与个人利益的辩证统一关系。在企业管理中,也同样要有着眼于长远发展的视野和"甘于做铺垫性的工作,甘于抓未成之事"的奉献精神。

企业的发展结果分为暂时性的胜利者、阶段性的胜利者、永久性的胜利者三种类型。有些人认为,暂时性的胜利者是机会主义者,阶段性的胜利者是实用主义者,而永久性的胜利者是长期主义者。如果把企业运营管理看作是一场长跑,一个长久时间维度的检验,那么就需要企业中的管理者一定要是长期主义者。长期主义者的概念其实在习近平总书记的治国理政思想中也有所体现,他反复强调要树立"功成不必在我"的理念,落实到具体工作中就是要多做打基础、做铺垫的事情,管理者不能只看到机会,只看到阶段性的利益,而最重要的是需要看到企业能否获取长期的价值,是否符合长期的发展需求。那么在当今变化的环境中,企业管理者如何成为一个长期主

---

① 王相坤:《感悟习总书记"功成不必在我"》,人民网,2013年12月12日。

义者,推动企业可持续发展呢?我认为需要做到以下四个方面。

成为长期主义者,必须要坚守初心、回归本源。作为一名电网企业的基层员工,在学习习近平同志在地方基层任职形成的经验和规律性认识时,我的感受最深、得到的启发最大。结合自己的实际,我发现工作中遇到的问题,都可以从所学的这些经验和规律性认识中找到借鉴答案。习近平同志从一名插队知青成长为党的领袖,无论在什么地方、身处什么位置,他始终遵循着"从人民出发、从大局出发、从实际出发"的实践原则。不论在哪个地方、哪一层级、哪个岗位,他都能踏踏实实,干在实处,走在前列。这让我也清楚地认识到,做任何事业都需要有足够的耐心以及正确的工作方法,只有通过一任接一任的努力,才能成就伟大的事业。从我自身来看,我的工作岗位是配电运检技术,在供电公司中属于客户服务前端业务中的一项,通俗地说就是保障广大人民群众和企业客户的用电正常,负责日常供电线路的运行维护、检修、抢修等一系列工作。刚参加工作时我曾经认为线路运维工作单调且乏味,每天不外乎就那么几件事,巡线、测温等,还得要重复去干。刮风下雨恶劣天气时还要往现场跑,争分夺秒地去抢修送电。但后来经过了几年基层工作的磨砺,我逐渐明白,自己首先是一名党员,其次又是一名电力工作者,人民电业为人民是我的初心和使命,保障老百姓的安全稳定用电就是我的职责,是头等大事,只要老百姓对用电满意了,我的工作就有意义。

成为长期主义者,必须要坚定信念、不懈努力。我理解的长期主义既要有远大理想,又要能脚踏实地。首先要确定一个宏大而长远,能够使自己长时间为之奋斗的目标,然后通过自己的努力,脚踏实地、埋头苦干,有足够的耐心长期坚持下去。长期主义在习近平总书记治国理政的理念中也占据重要位置。早在浙江任职期间,习近平同志在《浙江日报》发表名为《要甘于做铺垫之事》一文,倡导干部要坚持"功成不必在我",要切实为群众着想,甘于奉献,摒弃个人的私心和杂念,一任接着一任干[①]。习近平总书记也多次强

---

① 习近平:《要甘于做铺垫之事》,《浙江日报》2004年11月26日。

调对待工作要抱有"滴水穿石"的理念。我在学习中也认识到,做事情就是要一步一个脚印,久久为功,而不是急于求成①。我理解的坚定信念、不懈努力,就当如愚公移山一般。愚公移山的故事大家都很熟悉,虽然最初愚公的行为被别人耻笑,但他仍然相信自己能成功,因为坚持不懈,最终山被移走了。而现实生活中,面对困难或者挑战,真正坚信自己能够成功的人可能不少,但能够坚持到最后取得成功的人就不太多了。长期主义告诉我们,只要你有成功的信念,你相信自己能够成功,你就有可能赢得成功。有了坚定的信念,还要通过不懈的努力,才能一步步向成功迈进。工作8年,我从职场新人一步步成长为技术骨干,再到公司的技能标兵,从我自身的成长经历也可以得出,只有将简单的事情重复做,重复的事情用心做,才能成为专家。长期主义不是人们嘴里简单的一句口号、一碗心灵鸡汤,更多地是要去做,是一项需要坚定信念并且脚踏实地的行动。

成为长期主义者,要协同共生、合作共赢。外部环境的变化、内在技术的推动,对新时代企业发展管理提出了更高的要求和更大的挑战,怎样才能使企业更加健康、稳健、持续地成长,是现在企业管理者们首要思考的问题。纵观中外,那些能够存活百年、经久不衰的头部企业无一例外都是建立了一个生态体系,将企业的命运与其他共生型企业联系在一起,将员工的发展与企业的发展联系在一起,从而形成了命运共同体,这是这些企业能够不断成长的关键所在。企业界这种做法与习近平总书记提出的"构建人类命运共同体"的理念不谋而合。2013年,习近平总书记在莫斯科国际关系学院首次提出人类命运共同体理念。②把这一理念运用到企业管理之中,则是强调企业发展的基本逻辑要从"竞争"转变为"共生"。不仅非竞争性企业可以"共生",而且竞争性企业也应该"共生",相同领域甚至不同领域的组织不再是竞争对手,而转变为荣辱与共的命运共同体。作为一名设备管理工作人

---

① 习近平:《摆脱贫困》,福建人民出版社,1992年,第43页。
② 习近平:《顺应时代前进潮流 促进世界和平发展》,人民网,2013年3月24日。

员,设备防外力破坏是运维工作的重中之重,尤其是电缆线路,是城市安全运营的重要生命通道,而随着城市经济快速发展和基建工程数量的逐步增加,外破风险急剧上升。面对这个难题,我们运用协同共生的思想,联合燃气、供水、供暖、电信、铁路等公共事业单位,共同开展地下管线设施保护行动,建立互联互保机制,实现施工信息的共享,有效避免了多起安全生产事故。从竞争到合作,由原先被动增效的关系转变为主动增效,实现了双赢和共存。

成为长期主义者,要勇于担当、回馈社会。2020年7月21日,习近平总书记在企业家座谈会上强调,企业既有经济责任、法律责任,也有社会责任、道德责任。任何企业都要存在于社会之中,社会是企业的舞台;任何企业家都要服务于企业,企业是企业家的舞台。不论什么舞台,都遵循着它自身的规律,都要在享有权利的同时尽到责任。管理学大师德鲁克说过,没有一个组织能够独立存在并以自身的存在作为目的。每个组织都是社会的一个器官,而且也是为了社会而存在。作为构成社会的一个基本元素,一个可持续发展的企业既要实现经济价值,还要实现社会价值,要对生态环境、社区安全、人民健康发展等方面做出贡献。我在工作中也积极投身于公司的社会责任根植项目,先后参加了服务老旧小区改造、重点园区建设、护航候鸟行动等项目,在参与这些项目时我发现,团队在开展承担社会责任的活动时,整个团队成员的凝聚力和认同感是非常高的,同时也能带来社会公众的认可,助力公司在社会各界树立更加良好的品牌形象,并且激励更多的团队参与到承担社会责任活动之中。

一个优秀的企业管理者,敢于面对现在,把握现在。现在才是你的所有,过去不是,将来也不是,唯有做好每一个今天,才会超越别人而拥有明天。路漫漫其修远兮,无论企业还是个人,我们要做的是坚持初衷,不忘初心,苦练内功,共同成长!

评论

　　罗马不是一天建成的，而是通过一天又一天地努力建成的。任何伟大的事业，都需要久久为功之心态，都需要坚持长期主义，都需要一大批长期主义者的奋斗。作者从习近平总书记系列讲话中领悟长期主义的基本要求，并结合自身工作经历和企业实际，从自己的角度回答了什么是长期主义、为什么坚持长期主义，特别是怎样才能坚持长期主义这三个问题。其中不乏思考的深度和亮点。顺着这个思路，把长期主义贯彻到企业战略制定、执行各个层面，一定会助力企业在新的台阶上更进一步。

\担\当\篇\

如何做到保持定力

党的十八大以来,习近平总书记在多个场合都强调过"定力"。在十八届一中全会上,提出要增强政治定力,提高抵御各种风险和经受住各种考验的能力。在2012年12月中央经济工作会议上,提出要保持战略定力,集中精力办好自己的事。在2019年5月中央全面深化改革委员会第八次会议上,强调要增强改革定力,更好服务经济社会发展大局。始终保持强大定力,是以习近平同志为核心的党中央治国理政的特点之一。同样,保持定力也是做好企业管理的重要基础。

定力是在复杂多变的环境中保持清醒的头脑,稳住自己的心理和行为,进而助力实现既定目标的一种能力。始终保持强大定力,准确判断、科学谋划,企业才能行稳致远。如果缺乏足够定力,就容易破坏规则,朝令夕改,"拍脑袋"盲目决策,就会给企业的生存和发展带来极大的风险和损害。

保持定力,敏锐的洞察力是前提。习近平总书记指出:"要自觉践行初心使命,有大格局、大情怀,站得高、看得远、谋得深、想得实,获得察大势、应变局、观未来的指路明灯。"[①]习近平同志在正定工作时,恰逢国家实行改革

[①]《习近平主持中共中央政治局党史学习教育专题民主生活会并发表重要讲话》,新华网,2021年12月29日。

开放政策不久,沿海地区势头强劲、发展迅速。但正定等一些内陆地区依旧偏于保守,安于现状。因此,习近平同志通过讲述沿海地区的发展现状、国外的先进模式和改革开放的新理念来给大家解放思想、开阔视野,结合正定实际提出"半城郊型"经济发展新模式,出台正定"人才九条",促进正定不断解放思想、推动改革,为正定发展打下了良好的基础。当今世界正处于百年未有之大变局,只有善于察大势、明大道,才能开启未来之门。作为企业管理者,我们也要善于把握大势大局。聚焦主责主业,善于把握党和国家的新形势新任务新要求,洞悉"碳达峰、碳中和",新型电力系统等行业新趋势、新动向,始终围绕公司战略部署"公转",与时俱进地优化调整事业发展方向。增强敏感性,清醒认识可能影响公司经营的各种风险和挑战,如疫情防控、国有企业综合改革等,精准施策,在危机中育新机、于变局中开新局。

保持定力,清醒的判断力是关键。在福建工作期间,习近平同志写了《从政杂谈》一书,其中谈到:"'谋于前才可不惑于后'。作出决策之前,先听他个八面来风,兼听各种意见,深入了解所面临问题的本质,找出其规律,谋而后断;一旦作出决议,在解决问题过程没有结束之前,不作主体更改。"[①]当前,国内外形势严峻复杂,各种思想潮流和利益诉求相互交织作用。作为企业管理者,特别是国有企业管理者,我们一定要时刻保持清醒头脑,在纷繁复杂的表象中把好脉,在议论纷错中开好方,不犯根本性的错误。一方面我们要加强学习,不断提升理论修养和思想深度,从世情、国情、社情和企情实际出发,深刻领会企业目标使命,学深悟透,不断提升对企业的忠诚度和认同感,使定力更加完善和坚固。另一方面我们在认识和处理重大问题时,应始终保持"如履薄冰""如临深渊"的状态,深思熟虑、反复比较不同选择带来的利弊得失,从而做出正确判断。

保持定力,坚定的执行力是核心。一分部署,九分落实。习近平同志在基层工作时,就是秉承这种理念和方法开展工作的,一张蓝图绘到底,一年

---

① 习近平:《摆脱贫困》,福建人民出版社,1992年,第33-34页。

接着一年干。以扶贫工作来说,在陕北梁家河当知青时,习近平同志为了让乡亲们过上好日子,带领乡亲们打坝造田、修沼气池、建铁业社等;在河北正定任职县委书记时,他为了让老百姓吃饱肚子,顶住压力减征购,骑着自行车跑遍全县200多个村子,出台一系列政策措施,探索农村改革脱贫之路;在福建工作时,他通过对口帮扶推动闽宁扶贫协作,在戈壁旱塬间写下壮丽篇章;党的十八大以来,他对国家扶贫工作精心谋划、周密部署、躬身实践,最终如期打赢脱贫攻坚战。作为企业管理者,我们也要脚踏实地,埋头苦干,排除各种干扰和压力,战胜各种挑战和风险,以一往无前的奋斗姿态向着企业目标前行。在实现目标使命过程中,我们必然会遇到各种艰难险阻,必须要有锐意进取、迎难而上的坚定意志和担当精神,还要切实落实责任制度,做到守土有责、守土负责、守土尽责。同时加强考核,避免空谈,激励与约束并重,奖优罚劣、奖勤罚懒,不断强化担当作为、干事创业的鲜明导向,不断加强定力涵养。

保持定力,实现高质量发展是目标。习近平总书记指出:"我们要保持战略定力和坚定信念,坚定不移走自己的路,朝着自己的目标前进。"[①]认清发展过程中的各种矛盾、风险和挑战,不故步自封、墨守成规,在稳字当头、稳中求进的基础上实行改革、创新及发展。当前,百年变局和世纪疫情交织,国内外形势异常严峻复杂,以习近平同志为核心的党中央沉着应对,充分结合我国国情,统筹推进经济发展和疫情防控,取得巨大成效。实践充分表明,无论面对多少风险挑战,无论发展环境多么复杂,只要我们坚定方向、百折不挠、一心一意办好自己的事,确保党中央大政方针落实到位,就一定能战胜各种风险挑战。作为企业管理者,我们也要深刻认识和准确掌握企业高质量发展之道,瞄准目标,保持定力,加快落实已经确定的各项决策部署,牢记责任,扛起担当。

[①]《习近平:青年要自觉践行社会主义核心价值观——在北京大学师生座谈会上的讲话》,新华网,2014年5月5日。

作为国有企业党校员工,我们始终保持定力,坚持党校姓党,坚持用学术讲政治。聚焦党史学习教育开发伟大建党精神,瞄准公司"双碳"目标落地等重要课题和关键领域打造精品课程,得到公司内外一致认可。这既发挥了党校党性教育主阵地、理论研究制高点、服务决策智力库的作用,充分彰显了企业党校的价值,也为自身赢得了更为优越的发展环境和强大的前进动能。进入新时代,我们面临如何办好党校、管好党校,如何立足国家电网公司发展特点经营好国有企业党校等时代课题。面对这一课题,我们也将始终保持定力,不忘初心使命,紧跟党和国家步伐,围绕国企改革综合试点、推广"小站模式"等天津电力重点任务,不断在党性教育、前瞻研究、决策咨询等方面探索创新,萃取经验智慧,为公司发展提供党校支撑。

评 论

习近平总书记在多个场合强调要保持战略"定力"。有定力才能冷静,冷静才能理性,理性才能客观,客观才能找到破解难题的正确方法。没有定力就慌乱,慌乱就容易诉诸情绪,情绪受制于主观,过于主观就容易脱离实际,脱离实际就容易导致失败。保持"定力"是个战略问题,讲的是从战略上要藐视"敌人"。在这个战略之下,要在战术上重视"敌人",方可战胜"敌人"。不断提升能力是保持定力的根本,作者对此进行了一些有益的思考和探索,相信这些思考和探索的价值一定会在日后的工作中得到展现和验证。

\담\당\篇

提升服务认知水平，筑牢优质服务基石

习近平总书记在内蒙古考察并指导开展"不忘初心、牢记使命"主题教育活动时发表重要讲话指出："各级领导干部要牢记全心全意为人民服务的宗旨，始终把人民安居乐业、安危冷暖放在心上，时刻把群众的困难和诉求记在心里，努力办好各项民生事业。"[①]正如总书记所说，全心全意为人民服务是全党的宗旨，是为人民谋幸福的初心与使命，是我们党的执政之基，更是民之所向。

对于企业而言，路灯处履行的社会责任、体现的社会价值就是为人民的夜间出行提供便利、优质的服务。我们在认知上，传统意义的优质服务是保亮灯、速维修，而随着人民对路灯照明服务品质需求不断提升，如今百姓的保修、不满意投诉时异事殊、迥乎不同。面对非传统意义上的维修诉求、非管设施维修，"这也报修""这不归我管"成为大多优质服务从事者的口中说辞。对百姓的诉求存在着不解，对服务的认知存在着瓶颈，是优质服务路上的绊脚石，必须从思想上提升认识，在思维上寻求突破，才能在行动上实现跨越。

---

① 《习近平谈治国理政》（第三卷），外文出版社，2020年，第137页。

首先要打破服务认知局限。当前,天津市委市政府通过12345便民服务热线、城市管理综合考核等方式加大了对企事业单位优质服务的考核力度。路灯处作为窗口服务单位,直接关系到天津电力公司在业务对标中的考核,其中考核重点之一就是各渠道的报修工单以及民意调查所反映的服务不满意情况。党的十八大以来,习近平总书记始终强调要密切联系群众、坚持群众观点和群众路线。联系到我的具体工作,我认为之所以存在不满意的服务,主要是我们在优质服务认知上存在局限性。一是从广度上不能充分了解人民的需求,不满意的服务是我们的漏洞、空白,是我们对群众需要的优质服务范围存在边界的模糊。二是从深度上自身的服务认知与人民需要的不匹配。过去几年,我们提升了对百姓看重路灯报修处理时限快慢的除缺能力,而如今在认识上却忽略了百姓反映的小区路灯太亮影响睡眠、小区路灯设立位置影响停车、开灯送电检修路灯影响节能减排等不满意情况。

为打破服务认知局限,应该坚持问题导向,深入考察调研。2007年4月,习近平同志对上海宝山区进行调研,这是一次对宝钢集团、宝山区进行发展变更的调研。他强调"一定要准确定位、做好规划、加强协调,岸线的开发一定能够成为下一步发展的亮点"。习近平同志以超乎常人的战略眼光对上海以及宝山进行科学规划,远见卓识令人钦佩。对我而言,学习习近平总书记的思维,就是把坚持问题导向理解为把握客观事物规律,要从最根本、最基础的事物来审视工作,抓准问题的根源,着手解决实际问题,这一切都要以深入的调查研究为基础。调研要做到"五个字",就是"深、实、细、准、效"。"深",就是要深入基层。"实",就是要实实在在,不搞花架子。"细",就是不走马观花,要仔细了解实情。"准",就是要对基层调查的东西认真研究。"效",就是调查研究要有效果。结合实际工作,重点要提升服务效能。要从政府的视角、从百姓的诉求等方面,开展基层支部走访活动,主动对接百姓,充分调研百姓服务要求、照明诉求,要构建路灯网格化服务机制,快速响应服务诉求,实现与政府常态沟通、诉求信息共享的政企照明服务共建机制,才能有力提升民意调查等考核成绩。

其次要正确认知内外因素。结合路灯专业自身情况,我们工作的价值在于提供劳动服务。从内部环境看,当前财政资金收缩、城市用工困难、养护成本大幅攀升,在开源节流的精细化管理要求下,着重突显人员现状与管理需求的矛盾、作业成本与收益的矛盾。从外部环境看,自路灯建设市场开放以来,外部建设单位无法考虑路灯运维的体系标准,从设计到施工环节,均存在路灯缺少建设运维专业性的缺陷,造成大量路灯处非管设施因缺陷而无法正常移交养管,通过全市路灯报修问题数据分析,百姓反映路灯处非管设施故障处理、设施移交等诉求十分强烈。

我们需正确地看待内外部环境因素,准确审时度势,辩证看待问题。准确识势,才能擘画蓝图。始终坚持从政治上看问题,深刻领会习近平新时代中国特色社会主义思想,准确认识面临的新形势、新任务,始终秉持人民至上的原则。事物都是具有两面性的,我们一定要用辩证的思维去看待问题。合理认知事物本身兼具的利弊,社会发展的根本因素就是要克服事物的相互矛盾,看待问题要从根本出发,深知发展的根本目的,做好初心选择。2005年8月,习近平同志在浙江安吉调研提出要追求人与自然的和谐,经济与社会的和谐,不能以牺牲环境为代价发展经济,要辩证地看待经济发展。的确,良好的经济发展促进生态的保护,同时良好的环境也能促进经济良好的发展,我们需要实现良性的发展。

结合实际工作,要盯住难点重点问题,深化为民办实事工作,要支撑起照明设施养护监督管理职责,将百姓反映的非路灯管辖设施的诉求问题报送主管部门解决,同时针对自身内部困难,凝聚自身发展的强大合力,把我为群众办实事的实干担当、为民情怀做成品牌和口碑,传递城市温暖,赋能美好生活。

最后要转变优质服务理念。优质服务是路灯处生存与发展的根本。我们要发挥主要作用,将优质服务的目标定得更高一些、办法想得更多一些、措施做得更实一些,主动适应外部环境的要求,更好地满足百姓对路灯照明的需求及愿景。

转变服务观念要以改革创新为动力,从顺应形势发展的角度,改变以往服务理念,找准服务方向,大胆突破传统服务模式,以服务推动市场转型,以服务支撑产业增量,为路灯处高质量发展提供支撑保障。习近平同志在梁家河7年知青岁月中,为了解决百姓到百里外临县拉煤烧火做饭问题,改革创新学习沼气技术,用实干克服困难,使梁家河终于兴建起陕西第一口沼气池,这充分说明,只要结合实际工作,围绕改善人民生活而进行探索与实践,就一定能够取得成效。

结合实际工作,一是要聚焦服务主体。持续以客户为中心,改变以往传统服务思维的局限,从业务延伸的角度,促进服务与主体的动态衔接,加快形成以客户价值为核心的服务机制,形成具有竞争力、价值感的服务模式,实现路灯处整体定位由单一式向多元化转变。二是把握服务需求。我们要切实运用路灯信息大数据集成、智能化定位等手段,分析服务需求的难点及要点,在设备运维、优质服务、设施移交、老旧小区改造等方面形成一批标志性成果,使政府和百姓之间通道更加畅通,为政府及百姓提供多元化的服务。

评 论

服务无处不在。在产品生产能力相对过剩的今天,服务的比重和价值在经济社会发展中得到凸显。习近平总书记强调要全心全意为人民服务,这是我们党一贯的宗旨,同时也是做好服务工作的最高原则。企业也是如此,在服务中体现企业价值,赢得用户尊重,赢得市场口碑,靠的就是不断根据人民群众服务需求的变化而调整服务内容、改变服务理念,使服务更贴近百姓的生活、贴近百姓的真实需求,切实击中他们生活中的痛点。作者为此提出了几条建议,这些建议都是作者结合自身岗位特点而得出的真感受。希望这些思考能够伴随作者为民服务的全过程,从而给客户提供更好更多的服务,促进企业高质量发展。

以久久为功的韧劲推动企业高质量发展

我第一次接触到"久久为功"这个词,是在单位组织学习党的十九大报告的时候。在报告中,习近平总书记提到"把雷厉风行和久久为功有机结合起来,勇于攻坚克难,以钉钉子精神做实做细做好各项工作"[1]。后来,习近平总书记视察山西强调"要有紧迫感,更要有长远战略谋划,正确的就要坚持下去,久久为功,不要反复、不要折腾,争取早日蹚出一条转型发展的新路子"[2]。在黄河流域生态保护座谈会上,习近平总书记再次提到"久久为功",指出要为黄河永远造福中华民族而不懈奋斗。我认真学习了习近平总书记的这两次讲话,感悟到中国共产党就是始终坚持以人民为中心,坚守初心使命,一任接着一任干,克服重重困难,战胜风险挑战,才取得今天的伟大成就。同时我理解,在国家层面,要实现各种重大战略目标,必须坚持久久为功。对企业而言,要实现战略性目标,同样需要久久为功的韧性。只有坚持不懈,才能推动问题解决,保障高质量发展。结合自己的工作经历,我觉得

---

[1] 习近平:《在中国共产党第十九次全国代表大会上的报告》,中国政府网,2017年10月18日。

[2] 习近平:《在视察山西时的讲话》,《山西日报》2020年5月12日。

要全面理解和落实久久为功,可以从下面几个层面努力。

一是坚持战略引领,以"久久为功"的态度践行初心使命。无论是在梁家河、河北正定、福建厦门,都留下了习近平同志对工作抓长的痕迹,那就是久久为功、利在长远的恒心和耐力。每项工作的成功都不可能一蹴而就,需要的就是拿出踏石留印、抓铁有痕的劲头,用钉钉子精神,锲而不舍地抓下去。企业如何实现高质量发展,最重要的就是沿着习近平总书记干事情"久久为功"的态度要求,牢记"久久为功"的初心使命,坚守"久久为功"的理念,坚持"久久为功"的钉钉子劲头。

首先,要坚持正确发展方向的引领,在正确方向的引领下艰苦奋斗,企业的高质量发展必须有战略引领,方能不断开拓前进。其次要脚踏实地抓成效,以"久久为功"的韧劲去攻坚克难,每一项难题,只有不断坚持,才能十年磨一剑,推动企业高质量发展。最后要雷厉风行,把力量用实,从基础抓起、从突出问题抓起,发挥"马真"精神,坚持久久为功的韧劲推进企业高质量发展。

作为一名电网基层员工,在日常的工作和学习中,我深刻领会到国家电网公司坚持"人民电业为人民"的发展理念,还有那不断超越、追求进步的精神,在工作中每一个环节中,坚持艰苦奋斗,坚持不懈,为打造具有中国特色国际领先的能源互联网企业贡献自己的力量,而这些实践的前提是必须要坚守战略引领。

二是坚持艰苦奋斗,以"久久为功"的态度追求精益求精。习近平总书记多次强调,干任何事情都要"咬定青山不放松",善始善终、善作善成。企业的发展的过程中,针对所有的工作,都要坚持拧螺丝、钉钉子劲头,就是说做任何事情都要求坚持不懈,集细微的力量也能成就难能的功劳,这给了我们一个启迪,做任何事情要想达到功成,必须要有恒心和毅力,不断地进取,艰苦奋斗,这就是功到自然成。

现代企业都是一个庞大的系统,这就要求必须用系统的思维去看待企业的管理。每一个工作人员都是整个系统的组成元素,要坚持系统思维就要考虑集体和个人的关系,要把工作落到实处,只有每个人圆满完成具体问题,才能实现整体效益的最大化。在这个过程中,每个人都依然要艰苦奋斗,明白个人在集体中的重要作用,保持久久为功的韧劲,坚持对每项工作的精益求精。

我所在的国网天津电力公司,有着"特别能吃苦、特别能战斗、特别能拼搏"的艰苦奋斗传统作风,每个人都以集体为荣,在不同一线岗位上,奋勇拼搏,不断创造公司集体辉煌成就。公司历时3年竣工"1001工程",建成"两通道一落点"特高压受电格局,建成500千伏"三横两纵"双环网,提前一年完成"煤改电"和农网改造升级,这些都离不开天津电网人始终保持的艰苦奋斗的精神,更重要的是坚守"久久为功"追求精益求精的态度。

三是坚持担当作为,以"久久为功"的态度开拓创新。习近平总书记强调,担当作为就要真抓实干、埋头苦干,决不能坐而论道、光说不练①。践行新发展战略目标,必须要担当、能作为、敢碰硬,做工作就要始终坚定抓而不紧不如不抓、抓而不实等于白抓的理念,只有真抓才能攻坚克难,才能完成任务。2011年3月1日在中央党校春季学期开学典礼上,时任中央党校校长的习近平同志做了《关键在于落实》专题阐述,讲到"抓落实能不能知难而进、锲而不舍,对领导干部的原则立场是一个现实的考验"②。这就说明,干任何工作都要勇于担当作为,迎着挑战和困难知难而进,保持锲而不舍,方能促进发展,取得开拓创新的成果。

企业管理应坚持在高、细、严、实上下狠功夫,注重点滴积累、持续用力、久久为功。推动企业高质量发展,就是要在统筹企业安全与发展的基础上,做好精益管理,保持久久为功、利在长远的恒心和耐力,强化责任担当,勇于作为,善于作为,一锤接着一锤敲,一个目标干到底,以永不懈怠的精神状态

---

① 习近平:《2021年秋季学期中央党校(国家行政学院)中青年干部培训班开班式上讲话》,中共中央党校网,2021年9月1日。

② 习近平:《2011年中央党校春季学期开学典礼的讲话》,中共中央党校网,2011年3月1日。

和一往无前的奋斗姿态奋勇前进。

国网天津电力公司始终强化企业的社会责任和担当,牢牢保障电网安全和优质服务。探索从个体先进到集体先进引领,落实人人在思想上真重视、头脑上真清醒、制度上真落实原则,坚持重心下移、盯住末端,把薄弱部位、薄弱环节和关系全局的堵点找准找实,勇于担当作为,以久久为功的态度不断开拓创新,实现国有企业迈向卓越发展之路。

久久为功的态度是推动新时代国有企业高质量发展的关键,企业的高质量发展就是要不忘久久为功的出发使命,真抓实干,开拓创新,在党的领导下,持之以恒,发挥中国特色社会主义制度优势,推动国有企业制度创新,在新时代发展中勇担重任,为中华民族伟大复兴的中国梦贡献力量。

评 论

"久久为功"不是反复地做一件事,而是把一件事情持续做到底,做到极致,做到圆满。"久久为功"更不是原地打转,而是螺旋式的上升。"久久为功"是看准了一件事,就要咬定青山不放松,一茬接着一茬干。作者从实际工作出发,以自己从习近平总书记的教导中悟到的原理为指针,分析企业"久久为功"的若干条件,指出了做到"久久为功"的路径,这种上接天线下接地气的工作,值得鼓励和褒扬。

\担\当\篇\

强化责任担当,提升管理者素质

担当就是指一个人要承担起应尽的责任和义务,能够尽最大力量履行自己的责任。我们总能在各种媒体上看到一些新时代担当作为的先进典型事迹。他们有的在"抗疫"战场上勇敢向前,逆行而上,与病毒传播拼速度;有的在改革开放的最前沿冲锋陷阵,勇闯难关,在改革创新的赛道上越跑越快;有的在脱贫攻坚的战场上,因地制宜、精准扶贫、发展经济,使无数贫困户摘帽脱贫;有的始终奔走在为民服务的道路上,遇到难题不推不避,为民众排忧解难。他们虽然岗位不同、身份各异,但都体现着一个共同的素质——担当。

习近平总书记在中央党校县委书记研修班学员座谈会上曾经讲过:"干部就要有担当,有多大担当才能干多大事业,尽多大责任才会有多大成就。不能只想当官不想干事,只想揽权不想担责,只想出彩不想出力。要意气风发、满腔热情干好,为官一任、造福一方。"[1]县委书记需要担当,一名管理者也需要担当。担当,不仅要有"明知山有虎,偏向虎山行"的魄力,更要树立

---

[1] 习近平:《在中央党校县委书记研修班学员座谈会上的讲话》,《人民日报》2015年1月12日。

"民之所好好之,民之所恶恶之"的正确政绩观。总结说来,就是要做到以下三点"担当":

一是要敢于担当。习近平总书记曾说:"担当和作为是一体的,不作为就是不担当,有作为就要有担当。"①只要做事就会有风险。正因为有风险,才更加体现出担当的重要性。习近平同志自1974年开始,在陕西梁家河担任村支书。上任伊始,他就带领大家办沼气、办铁业社、办缝纫社、办代销店、办磨面坊。在当时的经济环境和政治背景下,国家以粮食生产为中心,搞这些所谓的"副业"有很大风险。一般村干部都不敢去搞,害怕给自己惹事,怕被别人扣帽子。而当时习近平同志年仅21岁,为了群众利益而敢于担当作为,显露出一名优秀管理者的素养。1982年,习近平同志刚到河北省正定担任县委副书记不久,就在调研中发现三角村——这个全县第一个粮食亩产过千斤的"模范村、先进村",村民自己的粮食居然不够吃,需要用粮食去外县换山药片,原因是征购交得太多。于是他冒着被别人说"思想觉悟低"的风险向上级反映问题,终于使征购粮上缴数量得到了下调。习近平同志如果不是一心为公,心底无私,是无法下决心反映问题的②。习近平总书记曾经说过:"我将无我,不负人民。"大到一个党的总书记,小到一名管理者,想要有所作为,必须要敢于担当,只要心中坦荡荡,就能够做到"我将无我,一心为公"。

二是要能够担当。习近平总书记曾说:"奋斗创造历史,实干成就未来。"③习近平同志1990年任福州市委书记时,针对福州市基础设施落后、办事效率低下的问题,提出了"马上就办"——这个非常接地气的工作要求。在看到《福州晚报》上刊登了一条叫作《我们也需要一本"市民办事指南"》的消息后,《市民办事指南》仅用不到50个小时就完整地呈现在福州市民眼前。

---

① 习近平:《在2021年秋季学期中央党校(国家行政学院)中青年干部培训班开班式上的重要讲话》,新华网,2021年9月1日。
② 中央党校采访实录编辑室:《习近平在正定》,中共中央党校出版社2019年,第31-33页。
③ 习近平:《二○二二年新年贺词》,人民网,2022年1月1日。

1991年2月，习近平同志在马尾的办公现场仅用2天就给韩国的金刚石加工企业完成落户手续办理。"马上就办，真抓实干"是习近平同志在福州时提倡的高效政府工作作风。对于一个管理者同样如此。"时间就是金钱"，对任何人、部门和企业而言，效率极其重要。特别是在社会情形瞬息万变、机会转瞬即逝之时，一个好的管理者要能够担当，发现问题及时解决，发现机会马上抓住，这才能促进发展，提升效益。

三是要善于担当。习近平总书记曾说："凡是有利于党和人民的事，我们就要事不避难、义不逃责，大胆地干、坚决地干。"[①]习近平同志担任福州市委书记时，为了避免在干部中蔓延"怕做错事，就不做事"的思想，建立了"容错机制"。只要做事是出于公心而非私心，即使工作中出现纰漏闪失，能够及时纠正、认真总结，就不追究责任。目的就是让大家"大胆地干、坚决地干"。[②]作为一名管理者，如果想带动大家心往一处想、劲往一处使，就必须做到善于担当，知道什么时候该担当，怎样担当。当大家看到"身后有你"时，他们才能"敢于做事，不怕做错"，心无旁骛地去干事，没有后顾之忧地去服务。

习近平同志从担任村支部书记、县委书记、地委书记、市委书记、省委书记到中共中央总书记，无时无刻不体现着担当精神——承担起应尽的义务，履行自己的责任。

国家电网有限公司作为公用事业企业、关系国民经济命脉和国家能源安全的特大型中央企业，承担着为我国88%以上国土面积和11亿人口提供安全、经济、清洁、可持续电力供应的重大使命，体现出了"敢于担当"。2021年7月，河南遭遇罕见的持续特大暴雨，我作为国网天津市电力公司第一批援豫应急救援队员，一路上冒雨前行，日夜兼程，到达郑州后，与来自全国各地的3.7万名国家电网公司电力抢险队员一起，仅用10天时间，就实现

[①] 习近平：《在2021年秋季学期中央党校（国家行政学院）中青年干部培训班开班式上的重要讲话》，新华网，2021年9月1日。

[②] 中央党校采访实录编辑室：《习近平在福州》，中共中央党校出版社2020年，第164-168页。

除蓄滞洪区外河南省全部恢复供电的奇迹，得到了当地人民和政府的高度赞扬，用"实战"体现出了"能够担当"；2022年初天津暴发我国本土第一次大规模奥密克戎疫情后，国网天津市电力公司立即成立电力保障突击队，深入海河医院内部，全面接管市重点"抗疫"医院电力保障工作。我作为6名突击队员中的一员，在驻守海河医院内的24天中，不仅圆满完成电力保障任务，还帮助院方处理了一批遗留缺陷，建立了一套战时状态下的电力保障工作体系，展现出了"善于担当"的电力铁军素质，助力天津打赢这场"抗疫"战争。

习近平总书记2014年2月7日在索契接受俄罗斯电视台专访时表示，中国共产党坚持执政为民，人民对美好生活的向往就是我们的奋斗目标。我的执政理念，概括起来说就是：为人民服务，担当起该担当的责任。作为一名管理者，必须要强化责任担当，做到敢于担当、能够担当、善于担当。只有大胆当才能干大事业，尽大责任才能有大成就。

评论

"担当"既可以是一个大话题，也可以是一个小话题。既可以从战略的层面看担当，也可以从战术的角度看担当。无论如何，担当有大小，但担当无小事，它们都指向了为人民服务这一崇高的事业。一诺千金、一言九鼎是担当；尽心尽责、一丝不苟是担当；迎难而上、勇于赶超也是担当。国有企业的发展，正是由无数个敢于并善于担当的你我共同推动的。希望我们同作者一样，常怀担当之心，常储担当之能，常负担当之责，以"时时放心不下"的心态，做好每一件事情。

人才篇

导言

习近平总书记指出,必须坚持党管人才,坚持面向世界科技前沿、面向经济主战场、面向国家重大需求、面向人民生命健康,深入实施新时代人才强国战略,全方位培养、引进、用好人才,加快建设世界重要人才中心和创新高地,为2035年基本实现社会主义现代化提供人才支撑,为2050年全面建成社会主义现代化强国打好人才基础。党的十八大以来,党中央做出人才是实现民族振兴、赢得国际竞争主动的战略资源的重大判断,深刻回答了为什么建设人才强国、什么是人才强国、怎样建设人才强国的重大理论和实践问题,提出了一系列新理念新战略新举措。在此基础上提出包括坚持党对人才工作的全面领导在内的人才工作8个坚持。这些重要论述和论断,是我们做好人才工作的基本遵循。企业发展靠资源、靠科技、靠市场,但是归根到底靠人才,这是理解企业人才的一个角度。从另外一个角度看,企业也要给社会其他领域培养和输送人才,国企对此责无旁贷。怎样才能识别人才、汇聚人才、用好人才、多出人才,应该是任何一个有战略眼光的企业家不可忽视的问题。本篇内容主要围绕要素结构、企业用人导向、青年员工培养等角度论述了人才问题,文中不乏亮点,有一些问题的提出值得我们深思,愿各位读者阅后都有收获。

坚持国有企业正确用人导向

我们党历来高度重视选贤任能,始终把选人用人作为关系党和人民事业的关键性、根本性问题来抓。治国之要,首在用人。也就是古人说的:"尚贤者,政之本也。""为政之要,莫先于用人。"

当前国际形势严峻复杂,"黑天鹅"事件时有发生,国内发展任务艰巨,改革已进入深水区,所要解决的问题迭加出现。虽然存在这样或者那样的困难,但是中华民族伟大复兴已经进入到不可逆转的历史进程中。在这个时代,央企要担负起党和人民重托,实现高质量发展,完成各项目标任务,就要抓好选人用人的工作。国企选人用人,关键在党。在党对人才、对干部的"选育留用"环节中,"选人"是把好人才队伍方向、抓好干部作风源头的关键一环,是最具重要性、源头性、指向性的"龙头"。"选人"对个人、对集体、对企业有重要引领作用,对人才干部事业观、政绩观、价值观有重要影响。如何充分发挥选人的导向作用,如何牢固奠定"选人"的龙头作用,值得深思。

习近平总书记指出,用人导向最重要、最根本,也最管用,对干部最大的激励是坚持正确用人导向,用好一个人能激励一大片。习近平同志在福州工作时,通过明确用人导向,牢固树立了选人标准,用实际行动告诉大家:提拔重用的标准就是扑下身子抓工作、心无旁骛为民造福。有一位同志当时任交通局局长,在职期间积极主动,用心用功,一心为民,后被选派担任福清市委书记、福州市委副书记。习近平同志用"实干者挑重担,为民者担大任"的用人导向,激发广大党员干部脚踏实地干实事。党的十八大以来,习近平总书记明确用人导向,严格选人标准,生动诠释了"党选什么样的人"的政治智慧与大局观念,为企业特别是国有企业树立了"事业为上,公道正派"的选人标准。

新时代央企选人用人原则明确,导向鲜明。

以正确的用人导向引领企业发展是党组织的优良传统,是广大党员应对变局、抢占先机、开创新局的重要保证,也是企业保持高水平人才队伍建设工作的根本要求,通过用人导向树立起的选人标准,坚不可摧,充满正气,深入人心,有巨大的号召力、感染力。而德才兼备、以德为先,是党领导下央企选人的首要前提,若政治定力不过硬,能耐再大也不能用。

国家电网有限公司的张黎明,是我们身边的"老抢修",作为一名普通工人,他不断学习,不断奋斗,不断创新,31年时间,他成为创新型蓝领工人典范,和身边同志一起钻研奋斗,实现各类创新400余项,还坚持常年为社区居民提供志愿服务。国家电网有限公司的钱海军,365天"在岗",24小时"开机",被100多位孤寡老人当成"亲儿子",带领1200多名志愿者为雪域高原、偏远山区等送去光亮,每周20次上门维修。国家电网有限公司先后涌现了"时代楷模"张黎明、"时代楷模"钱海军等优秀榜样,正是因为长期以来坚持正确用人导向,首先把好"政治关""道德关",同时强化"重才干"的导向,把新时代的新要求贯彻到日常选人用人中,不断提高企业的政治力、生产力、发展力。

选人是风向标,选人造就企业文化,选干部、用人才既重品德,也重才干。"骏马能历险,力田不如牛。坚车能载重,渡河不如舟。"作为国之重器,国企的人才骨干是其不断突破、不断发展的关键力量,而明确树立用人导向和选人标准,对于打造对党忠诚、正气凛然、攻坚克难的高素质专业化人才,创建跻身世界一流的企业,意义十分重大。新时代背景下,国企必须牢记习近平总书记关于人才选拔的重要指示,牢固树立正确选人意识,才能使企业员工沿着正确道路开拓进取,使企业发展壮大,实现"员工成长,企业发展"

和谐共赢。

学以致用，做对党和国家有用的人，做被人民选择的人。

青年马克思主义者学理论，最终目的是将理论应用在实践中，用习近平新时代中国特色社会主义思想武装我们的头脑，指导我们的实践，进而让全体员工围绕企业主业勤勉工作，为企业发展、社会进步贡献力量。

一是明确用人导向，推选一心为了工作、一心为了企业的人，推选经得起组织考验的人，推选得到基层群众认可的人。关注对工作有责任感、有紧迫感、有钻研劲的人才，关注"事业为上，公道正派"的同事，给他们压担子、铺路子、想法子，帮助他们快速成长，茁壮成长。

二是干净干事，以身作则，做维护党中央权威、关注群众需求、一心为了企业发展的人。基层管理者如果自己做事不到位、办事不干净，就没有资格要求别人，基层员工就不会信任、追随你。管理者破规矩，企业和部门就有污点；管理者搞特殊，管理层就失威信；管理者谋私利，党组织就失民心。管理者带头讲党性、讲规矩、讲担当，才能保持队伍的浩然正气和长期战斗力。

千秋大业在用人，事业兴衰在干部。我党选人标准历来明确，即"信念坚定、为民服务、勤政务实、敢于担当、清正廉洁"。通过学习习近平总书记关于选用人才、选用干部的理论，我更加明白央企坚持正确用人导向，对走好"央企跟党走，央企稳大局，央企作表率"正确道路有决定性作用。

评 论

> 人是要有灵魂的，做人就是要做有灵魂的人，选人用人也要首先看其灵魂。对于国企选人用人而言，"忠"是魂之所系。习近平总书记强调"对党忠诚，必须一心一意，一以贯之，必须表里如一、知行合一，任何时候任何情况下都不改其心、不移其志、不毁其节"。要选拔任用忠于党、忠于人民、忠于事业的人，方可确保人民事业的底色不衰，成色更足。作者对这个问题进行深入思考，并用文字表达自己的思想历程，功不唐捐，想必这个努力一定会对他今后的工作产生持续而积极的影响。

思想领航 悟道管理

在企业发展中坚持精准科学识人选人

人才是治国的基础,是事业成败的关键。推进事业、谋划发展,归根结底要依靠雄厚的人才实力。党的十八大以来,习近平总书记在各种会议的讲话和报告中反复强调,实现中华民族伟大复兴,坚持和发展中国特色社会主义,关键在党、关键在人。

习近平同志在梁家河7年当知青时,已种下"人才观"的种子,之后在正定萌发,在福建和浙江得到充分实践。在正定工作期间,习近平同志对人才有着深刻且独特的认识,提出"人才兴县"理论,在全县范围内开展知识分子筛选,对人才分类登记造册,造了一本涵盖各路人才的账册。在福建工作期间,习近平同志多措并举提升人才工作,多次深入高校进行调研,就人才发展的重要性等问题发表一系列重要讲话。在浙江工作期间,结合浙江发展实际,提出转型发展的"八八战略"。在这个循序渐进的过程中,习近平同志对于人才的重要性有了进一步的理解和认识,发表了"人才资源是第一资源"[1]的论述,充分彰显了他强烈的人才意识。习近平总书记的人才观既是

---

[1] 习近平:《引进人才要防止"近亲繁殖"》,载《之江新语》,浙江人民出版社,2007年,第11页。

个人政治生涯知行合一的缩影,也是在新时代进行一系列人才工作实践的经验总结和理论升华。

习近平总书记在党的十九大报告中指出:"以识才的慧眼、爱才的诚意、用才的胆识、容才的雅量、聚才的良方,把党内和党外、国内和国外各方面优人才集聚到党和人民的伟大奋斗中来。"我们党历来坚持德才兼备的选人用人方针,"选干部、用人才既要重品德,也不能忽视才干"。做好考察识别人才工作,首先要确定衡量人才的标准。标准并非一成不变,要坚持一切从实际出发,以适应现阶段发展的新标准新需求来作为衡量人才的尺度。我认为,新形势下识人看人标准,应该坚持"信念坚定、为民服务、勤政务实、敢于担当、清正廉洁"等要素。只有理想信念坚定,方能抵制诱惑;只有坚持为人民服务宗旨,方能团结带领人民群众共同奋斗;只有坚持勤政务实,方能为群众办实事办好事;只有坚持敢于担当,方能面对困难迎难而上;只有廉洁自律,方能保持共产党人的浩然正气。

国网天津电力立足于客观实际、与时俱进,坚持高标准把严"政治关、能力关、作风关",根据新时代人才干部队伍的特点要求,锻造一支专业化、能打胜仗、能打硬仗的干部员工队伍,把"敢不敢扛事、愿不愿意做事、能不能成事"作为重要标准。树立鲜明的导向,强化人才队伍建设,提升队伍整体效能,把真正"政治上靠得住、工作上有本事、作风上过得硬"的优秀人才遴选出来。只有充分识人察人,才能确保人员质量。我们采用全面观察的方式,既看到成绩也看到潜绩。采用纵横交叉考量进行深度挖掘,通过思想调研、平时了解、年度考核等,全面观察人员对重大问题的思考见解,观察其道德品质,经综合研判得出综合性意见,进行专业化分类,使不同人员在不同的领域发挥出来自己最大的才能。通过实绩考察是识别人才一个重要途径也是重要依据,不能片面追求"形象工程""政绩工程",顾此失彼、偏执一方,这样会产生片面性的认识。把政治标准摆在首位,做到对党忠诚,始终保持奋发有为的精神状态,突出过硬的政治素质,勇于改革、开拓进取,关键时刻顶得上。

思想领航 悟道管理

国企要在激烈的全球竞争中赢得主动进而赢得未来,须臾离不开强大的人才队伍支撑。国网天津电力坚持以德为先、任人唯贤的选拔任用体系,把政治标准放在第一位,坚决反对"四唯用人",树立鲜明选人用人导向,鼓励能干事、想干事、能干事的人才,把干的什么事和群众认可度作为选人依据。坚持事业为上、以事择人,解放思想,强化事业为上作为价值取向,规范做好选拔任用流程,不断提升选人用人的制度化、标准化水平。及时任用勇于担当、善于作为、实绩突出人才,为想干事、敢干事、干成事的人员搭建平台。坚持党管人才原则,打造"党委领导、组织牵头、专业主导"的管理模式,按照企业发展战略和布局,明确人才建设目标,统筹推进制订行之有效的措施,为公司中长期发展提供不竭原动能。坚持使用就是最好的培养原则,把任劳任怨、敢闯敢拼的人才用到合适的岗位上,把一线实践作为最好的经历,在磨砺中成长。建立健全人才梯队建设,对人才队伍现状进行分析,找准年龄、专业、素质和管理几方面存在的问题,有针对性地进行培养,突出岗位人员标准的特殊性和个性化要求,对适合何种岗位类型的专家型、复合型人员的培养,实施供给匹配。努力打造一支矢志拼搏、创新奉献的优秀人才队伍,形成与企业发展相匹配的人才队伍,为公司高质量发展提供坚强有力支撑。

评 论

人尽其才,才尽其用,谓之精准。依规而选,实践检验,谓之科学。科学与精准如鸟之两翼,不可缺其一。伟大的事业呼唤高质量的人才队伍,高质量的人才队伍成就伟大的事业。习近平总书记多次强调要爱才惜才识才育才,指出一个合格的足够数量的人才队伍是各项事业发展的关键。对于国企发展亦是如此。国企要在激烈的全球竞争中赢得主动进而赢得未来,须臾离不开强大的人才队伍支撑。因此,选什么人、立什么标、用什么尺度,就成为了关键的问题。作者正是从这个问题导向出发,相对系统地思索几个关键领域问题,得出了他的答案。如果能够在今后的实践中对这些答案进行检验和深化,那么这篇文章的意义才算刚刚开始。

帮助青年员工扣好"第一粒扣子"

习近平总书记的谆谆教导,充分强调了引导青年建立正确价值观、帮助青年迈好人生第一步的重要性。学校是帮助青年人扣扣子的地方,企业也是帮青年人扣扣子的地方。作为社会价值取向的培养,全社会都有责任来帮助青年人扣好扣子。国企为我国社会主义制度提供重要的物质基础,也是国家政治基础、文化基础、经济基础的"重器"。因此,如何帮助青年员工在步入企业的那一刻起,扣好理想信念这"第一粒扣子",对国企而言尤为重要。

当前从学校毕业直接进入企业工作的青年员工,虽然他们中的绝大多数人接受学校正规教育的训练,也形成了一定的人生观和价值观,但由于人生履历不够丰富,总体上说可塑性非常强。在全新的工作环境中,青年员工在职业信仰、人际关系、业务操作上都会有这样或者那样的不适应,如何绘就他们人生的精彩未来,起步时期极其关键。

要帮助他们,扣好心怀理想的扣子。在任何时代,理想都是漫漫人生征途中照亮前路的明灯。习近平同志在青年时代,早早就立下了为老百姓办实事的人生理想。因为有了这个理想的支撑,他才能醉心读书、忘我学习、勤勉为民,才能在一两年的时光里,做成办沼气、铁业社、代销店、磨坊等真正为老百姓谋利益、解决生活困难的事情。我们可以说，青年员工的第一个"扣眼"，就是确立人生理想。理想立足于现实，又超越现实，实现理想的过程是可以分解的，它由一系列的长期目标和阶段性目标组成，而阶段性目标还可以根据现实情况的变化而适时调整。国网天津电力的目标是"全面建成具有卓越竞争力的世界一流能源互联网企业"，在这个长远目标之下，由投资计划、招标计划、项目规划、预算管理等多个专业目标相互衔接、相辅相成，构成一个完备的目标体系。对于青年而言，我们则应在帮助他们建立长期目标的同时，建立若干个适合他们发展的阶段性目标，如几年内通过某资格考试、比武竞赛中取得什么样的成绩、工作中担任何等角色、发挥什么样的作用等等。我们要督促他们，以时不我待的紧迫感行动起来，提醒他们适时回望，分析目标完成滞后或超前的原因，不断总结，持续进步。同时还要做好其思想工作。人生理想没有高低贵贱之分，只要是正确、积极、无私的，就值得去奋斗。

要帮助他们，扣好真诚正直的扣子。如果说心怀理想是青年员工第一个"扣眼"，那么真诚正直就是第二个决定人生方向的重要"扣眼"。当年作为知青的习近平同志之所以能够胜任工作，就是因为他用真诚和正直赢得村民信赖。大家觉得他聪明，有脑子，没有私心。觉得他对问题想得深想得多，能够真心实意地为事业和人民付出。当上支书后，他主动向前辈们请教学习，同时也经常深入群众，了解村民们的所想所需。遇到事情了，他更会直接指出问题所在，和大家一起分析问题，推动解决。真诚正直，是在尊重事物客观存在和发展规律的基础上，用辩证唯物主义的观点去发现问题、分析问题、解决问题的基本态度，也就是坚持真理不动摇的信念。要做到真诚正直，就要坚持真理，坚持原则。要做到真诚正直，还要有包容之心，有闻过则喜的心态，听得进不同的看法，接受得了他人对自己的批评。要学会感谢每一个能够当面指出自己不足的人，不能听到一点批评声音就愤愤不平心生怨恨，听到别人的称赞不分原委便沾沾自喜。我们要教育青年员工，作为央企职工，一定要严格要求自己，不谋私、不贪利，宽厚地对待他人和万物，处事客观公正,不偏听偏信。事事做到正人先正己,就能够确保今后的日子里不走偏,不走错。

要帮助他们,扣好坚持不懈的扣子。理想实现的道路是很漫长的,生活的压力,命运的捉弄,繁杂的琐事,这些往往使理想看起来有些遥不可及。因此,要帮助青年员工扣好坚持不懈这第三个"扣眼"。坚持不是一条道走到黑,不是盲目的坚持。当路途受阻时候,我们需要帮助他们对现状进行客观分析,对目标精准定位,走偏的路要拉回正轨,走错的路要及时重走。如果目标没错,那就把"办不到、行不通、没希望"统统抛在脑后,告诉他们,不因昨天的失败而气馁,也不因昨天的成功而自满,更加细微谨慎,更加深思熟虑,循序渐进,以积极乐观的心态,感受理想从量变到质变的过程。艰难困苦,玉汝于成。

要帮助他们,扣好甘于奉献的扣子。奉献是什么?奉献就是我心有你,心甘情愿为之付出,无怨无悔,不求回报。习近平同志在梁家河工作时给村民送棉被、大衣、粮钱,帮百姓治腿病、学写名字、找猪、拉车、修厕所,到如今掌舵中国,足迹遍布神州大地,为了民族复兴治国理政,夙夜在公,鞠躬尽瘁。这就是为人民、为民族无私奉献的最高体现。而这也正是我们青年员工培养工作的最终目的,最核心的"扣眼"——培养能够奉献、甘于奉献的青年。奉献由态度决定,不论大小,没有先后。无论一个人在什么样的岗位,身处什么样的环境,只要积极面对工作和生活,怀着一颗为他人奉献的心,就一定能够为自己的企业、社区乃至城市做出重要的贡献,得到广大人民群众的一致认可和尊重。当然,奉献也是由能力主导的,不应鼓励盲目、低效的奉献。因此,要督促他们,在实干中磨意志、增才干,培养精益求精、砥砺进取的精神。锻造过硬本领,就是在提高奉献能力。国网天津电力近些年来涌现出来的技术过硬、思想过硬、心系百姓的优秀青年员工,正是奉献精神的集中展现。

年华似水,淙淙流淌,每个人的年华终将老去,但革命者永远是年轻。当今时代,是奋斗者的时代,更是青年担当作为的时代,新的宏图已经擘画,新的目标就在前方。我们坚信,只要每一位青年员工都能以心怀理想、真诚正直、坚持不懈、甘于奉献的心,肩负起一代更比一代强的责任,定能锻造精彩人生,点亮青春之光。

评论

　　人身体脏了,洗洗澡就觉得干净舒服;人的思想迷茫了,同样需要灌输正确观念加以校正才不走错路。但事实往往是,人们很容易感受到洗澡后的清爽,却比较难直接有思想境界跃升带来的高峰体验。因此,思想上的"洗澡"意义更为重要。习近平总书记强调青年人要系好人生第一粒扣子,是因为有什么样价值取向,就会有什么样的青年;有什么样的青年,我们的社会就会面临什么样的未来。具体到国有企业的青年员工来说,同样需要系好人生第一粒扣子。怎么系,谁来帮系,怎样才算系好,是一个需要深入思考的问题。作者在这个基本问题上发力思考,得出他自己的答案。相信这些答案背后所体现的思考力,能够帮助作者开辟新的思考领域。

|人|才|篇|

青年员工更要抓廉洁教育

永葆清正廉洁是共产党人的政治底色,对于青年干部而言,清正廉洁是绝不能丢弃的安身立命之本。将习近平总书记关于廉洁教育、反腐倡廉重要论述的核心内容和重要方法充分运用到青年员工的培养教育工作中,为国家富强、民族复兴、人民幸福、公司兴旺提供一批知行合一、廉洁自律、高效有为的接班人队伍,具有重要的意义。

党的十八大以来,我们在党中央的领导下,依靠社会主义法治力量,充分发挥制度优势,走出了一条有中国特色的反腐败之路,取得了显著成效。但是对于青年员工来说,如何抓好反腐倡廉教育,也要讲究方式、方法。我在这里结合自身经历和领悟,针对青年员工的特点,就反腐倡廉教育、管理、监督工作提出几点做法。

一是创新方式方法开展反腐倡廉教育。习近平总书记强调要"强化反腐败体制机制创新和制度保障"[①]。踏上工作岗位以来,我接受过各种形式的反腐倡廉教育,对我帮助提升很大。但另一方面,站在一个青年员工的角度看,我也感受到我们现在的教育方式还存在一些不足,举例来说,同一个

---

① 《习近平在十九届中央纪委三次全会上发表重要讲话》,人民网,2014年1月14日。

警示案例,对于处在不同位置的人来说教育效果是不一样的,领导看和我看,感受也是不一样的。常规的反腐倡廉教育模式比较固化,支部开展反腐倡廉学习,所有人学习内容都一样,没有做到分层分类,更没有结合青年员工自身的特点,教育效果也会受到影响。青年员工刚刚完成身份转变,正处于对社会的认识逐步修正、成型的时期。这一阶段的社会阅历、工作经验、法律意识、人生历练都相对欠缺,容易抵不住人情、"公关"的攻势;职位相对较低,对腐败的危害性认识不足,甚至觉得腐败问题离自己很远。因此,我认为在教育方法上,要结合青年员工的特点,有继承更要有创新,除了文字材料的学习,要多组织各类参观、竞答等活动,提升廉洁教育内容的趣味性、知识性、形式的多样性、参与性;在挑选教育内容上,要拓展思路,挑选年轻人普遍关注与切身相关的热点案例,拉近与教育对象的距离,让青年员工喜闻乐见,易于接受;进行教育时,一定要把道理说透、把利害讲清,让青年员工充分认识到腐败行为的巨大危害和巨额成本,算清前途葬送、身败名裂、丧失自由、家庭破败的严重后果,从而提升青年员工在思想认识上的重视程度,切实增强不敢腐的自觉意识,培养形成正确的人生观、价值观、利益观,懂得如何辨别陷阱、避开雷区。

二是完善青年员工思想监测机制。青年员工思想活跃、爱好广泛,随着网络信息环境的发展,也更容易受到各种不良思想如拜金主义、消费主义、享乐攀比主义的影响,同时抵制各种外在诱惑的能力也相对偏低。[①]例如济南某年轻出纳挪用公款4800万用于直播打赏、游戏充值,西藏某年轻干部挪用公款参与网络赌博等。因此要着力构建青年员工思想的动态监测体系,着力加强对青年员工生活圈、朋友圈、社交圈的监督,关心"八小时"之后的行为,作为了解青年员工思想动态的重要渠道;支部书记要经常与青年员工交流、谈心,关心青年员工的思想动态、日常生活、兴趣爱好。例如:有的青

---

① 周义程:《腐败低龄化的显著特征与针对性预防》,《人民论坛》2021年7月第20期,第49页。

年员工经常购买超过其经济水平的奢侈品如名包、名表等,有的青年员工沉迷网络直播、网络赌博,工作时无精打采心不在焉,对于这类苗头性问题必须及早发现、趁时纠正,否则年轻时是"苍蝇"式腐败,将来就可能走向"老虎"式腐败。

三是要构建不敢腐的惩戒机制。习近平总书记明确指出:"一体推进不敢腐、不能腐、不想腐,不仅是反腐败斗争的基本方针,也是新时代全面从严治党的重要方略。不敢腐、不能腐、不想腐是相互依存、相互促进的有机整体,必须统筹联动,增强总体效果。"①"不敢腐"是做好反腐"不敢腐、不能腐、不想腐"三步走的第一步,只有这一步走好,反腐工作的脚步才能越走越扎实,如果这一步走不好,反腐工作就无从谈起。②对于青年员工的思想和行为上的不良征兆,要及时发现、尽力挽救,但对于已发生的腐败行为,必须做到"有贪必反,有腐必惩"。要做到这一点,只靠自上而下的监督是不够的,所以要进一步完善民主监督制度,给职工提供一个反映腐败问题的畅通渠道,无论是"大老虎"式的严重腐败,还是"小苍蝇"式的小微权力腐败,都让其无处藏身,以零容忍态度进行惩治,在青年员工思想上牢固树立"不敢腐"的意识。③

四是要牢固树立底线意识不放松。关于这点,我有一个亲身的经历:某下级单位的员工来部门办事,顺便带了几小包茶叶分给该部门同事尝尝,部门书记后来得知,马上让一名同事专程拿去退回。有人会觉得,一小包茶叶不过几元钱,连人情往来都算不上,专程退回未免小题大做,更有点不近人情。但是请试想,几元钱的东西能收,那么几十元的能不能收?几百元呢?上千元上万元呢?一些人的思想防线就是这样一点点懈怠,廉洁底线就是

---

① 《习近平在十九届中央纪委四次全会上发表重要讲话》,新华网,2020年1月13日。
② 肖文红:《实现不敢腐必须着力补足的两个短板》,《南方论刊》2019年第12期,第56页。
③ 李桂花、杜颖:《习近平反腐败斗争的方法论原则探析》,《东北师大学报(哲学社会科学版)》2019年第2期,第96页。

这样一点点突破的。尤其是我作为一名法律顾问,是为公司防范法律风险的防火墙,如果连这点底线都不能坚守,又何谈为公司保驾护航?经历此事让我意识到,必须坚决学习红军"不拿群众一针一线"的优良作风,坚决树立底线意识不放松,在每一件小事上都保持廉洁本色,才能防患于未然。

青年员工风华正茂,年轻有为,拥有高学历、高知识水平,是公司的生力军,更是公司未来更好更快发展的核心力量,因此青年员工的腐败问题,对于公司的危害也更严重、影响更深远。公司一定要高度重视青年员工的反腐倡廉教育,将廉洁自律的基因深植于每一个青年员工的心中,让坚守清正廉洁成为每一个青年员工长久的色彩。

评 论

永葆清正廉洁的政治本色是中国共产党人一贯的追求。国企员工特别是青年员工同样应该把永葆清正廉洁的政治本色当作终生追求。习近平总书记对如何保持清正廉洁有过系列重要论述。党的十八大以来,党中央抓党风建设、反腐败建设成效显著,取得了历史性成就。这充分说明,只要狠抓,一定能够见到成效。腐败是权力的腐败,权力必须关在制度的笼子里。青年员工往往职位较低,掌握的权力有限,因而可能对清正廉洁问题不够重视,有个别人还会有想腐而没机会的错误认知。然而纵观历史,大腐无一不始于小腐,小处不廉才导致处处不廉。如此看来,抓青年的清正廉洁就是抓长远、抓未来。如何才能抓好这个工作,作者给出了答案,能给这个答案打一个什么样的分数,我们把这个任务留给实践。

\人\才\篇\

国企育才要坚持需求导向

党的十八大以来,以习近平同志为核心的党中央高度重视人才培养工作。围绕培养什么人、怎样培养人、为谁培养人这个根本问题,习近平总书记先后发表一系列重要讲话、做出一系列重要指示批示,反映了总书记对"不拘一格降人才"的殷切希望和坚定信心。在习近平总书记对人才工作的指示和指导中,需求导向始终作为一条主线指引着育才的方向。

习近平同志在正定担任县委书记时,当时的正定是一个典型的"高产穷县",粮食产量大,但财政拮据,老百姓生活困难。面对此困局,习近平同志下定决心解决城建、医疗、教育、文化等各方面欠账。他与报社联系,谈想法,有针对性地从政治态度、工作环境、利益分配、调动手续等九个方面给出优惠政策,通过省报宣传出去,面向全国、全省招募人才[①]。习近平同志正是深入理解和全面把握了正定发展需求,因而能够提出诸多有针对性的育才方向,进而对症下药、找到化解矛盾的办法。

当前,新一轮科技革命和产业变革突飞猛进,随着国内外经济环境的变

[①] 中央党校采访实录编辑室:《习近平在正定》,中共中央党校出版社,2019年,第167—180页。

化和国际竞争的加剧,科技型人才和技能型人才的自主培育成为我国把握主动、解决短板的关键一环。2019年8月,习近平总书记在甘肃考察时指出,实体经济是我国经济的重要支撑,实体经济要想做大做强,技能型人才是基础,需要大力弘扬。在2021年召开的中央人才工作会议上,习近平总书记指出,要培养战略科学家和卓越工程师,重点突破卡脖子技术难题和制造业转型升级的问题。国家发展战略需求决定育才的方向,在新的发展阶段,国企育才应当围绕发展大局,坚持需求导向,为国家和社会培养更多新时代的奋斗者。

一、始终坚定理想信念,心怀"国之大者",培育忠诚干净担当的国有企业干部员工

在习近平总书记重要讲话和指示中,有多处关于"国之大者"的深刻阐述。他指出,要自觉讲政治,关注党中央在关心什么、强调什么,深刻领会什么是党和国家最重要的利益、什么是最需要坚定维护的立场。[1]国企姓党,国有企业是党和政府重要的经济基础和政治基础,国企育才工作要始终围绕这个主线不能变,发挥国企在新时代发展中国特色社会主义历史征程中的"顶梁柱"作用。习近平总书记对国有企业的战略定位赋予了国企育才工作特殊的历史使命。一是要自觉运用21世纪马克思主义武装头脑,用先进的理论指导实践,教育和指导广大干部职工自觉增强"四个意识"、坚定"四个自信"、做到"两个维护",在政治立场、政治方向、政治原则、政治道路上同党中央保持高度一致。二是要围绕党中央的决策部署,把握战略发展方向,引导国企干部员工全面贯彻新发展理念,聚焦电力保供、"双碳"落地、全面深化改革等部署要求,将民生底线坚决守住、将民生实事倾心办好。三是要坚定"打铁必须自身硬"的原则,将育才放在干事创业的关键位置,培养和指引干部员工队伍永葆干净本色,不断把全面从严治党引向深入,让"干事干净"成为自觉追求。

---

[1] 习近平:《在陕西考察时的讲话》,新华网,2020年4月23日。

二、紧密围绕国家战略需求,强化创新导向,着力建设专家人才队伍

习近平总书记指出,党和国家高度重视科技事业,高度重视知识分子工作[①]。党的十八大以来,习近平总书记高瞻远瞩,把握战略主动,提出创新是第一动力科学论断,国家全面实施创新驱动发展战略,建设科技强国。国有企业是科技创新主力军,科技创新能力是企业实力最关键的体现。作为关系国计民生的大型国有企业,要在国际竞争中赢得主动和优势,必须依靠创新型专家人才队伍的引领和带动。一要确立人才工作的创新导向,将创新能力作为选育人才的重要指标。要深入学习贯彻习近平总书记在中央人才工作会议上的重要讲话精神,深刻领会人才第一资源和创新第一动力的紧密关联,突出专家人才的创新价值和创新引领作用。二要加大对创新人才的激励力度,健全专家人才发展通道,激活人力资源队伍活力,激发更多有志青年在专家成才道路上快速迈进。三要完善配套资源,优化揭榜挂帅、"项目+人才"培养机制,赋予专家人才技术决策权、团队组建权和资源调度权,促进专家人才在各个领域、各方平台能够大有作为。

三、全面健全育才工作各项机制,加快打造新时代产业工人队伍生力军

习近平总书记高度重视技能人才工作。近年来,习近平总书记在出席各类表彰大会、交流会和工作会中,对工匠精神、劳模精神多次做出重要论述。他指出,要完善和落实技术工人培养、使用、评价、考核各项机制,提高技能人才待遇水平,畅通技能人才职业发展通道,激励更多劳动者特别是青年人走技能成才、技能报国之路。[②]作为以生产业务为主的能源企业,技能人员占据着企业用工相当大的比例,关系着企业核心业务的开展质量,打造新时代技能人才队伍是企业发展的关键环节和重要抓手。一要聚焦培养质效,大力弘扬时代楷模精神、工匠精神,聚焦"技能型、创新型、数字化、市场

---

① 习近平:《在中国科学院第二十次院士大会、中国工程院第十五次院士大会和中国科协第十次全国代表大会上的讲话》,新华网,2021年5月28日。

② 习近平:《在全国劳动模范和先进工作者表彰大会上的讲话》,央视网,2020年11月25日。

化"人才培养目标,加强综合素养提升培训,强化岗位技能履职绩效,广泛开展竞赛比武练兵,增强技能人才的底气与力量,推动技能人才在公司发展新征程中实现更大作为。二要聚焦队伍结构,加强技能人才供需规划,深化岗位体系管理,拓展技能人才入口管理,推进技能人才有序流动。三要聚焦动力激发,加大一线薪酬倾斜力度,提升一线技能人才待遇,营造技能成才的良好氛围,激励技能人才扎根一线成长成才,努力打造一支政治过硬、素质优良、数量充足的技能人才大军。

评 论

国企不仅是生产的重要单位,而且还是培育科技、管理人才和各类劳动者的大学校。无论时代怎么变迁,社会主义国家国有企业育人的基本要求即又红又专这条原则不能变。习近平总书记对于人才的选育培养有过系列指示要求,我们要从实现民族伟大复兴的角度来贯彻落实这些指示要求。那么国有企业如何做到这一点呢?作者提出了自己的见解,特别是强调了企业育才的需求导向,给实践者提供一个深入思考的线索,即何为企业根本需求,何为企业现实需求,何为短期需求,何为长远需求,如何把这些需求统一到实现企业高质量发展的大命题之中,这才是问题的重点,在这个问题上的思考如果持续用力,久久为功,必当有丰硕收获。

\人\才\篇\

新时代国有企业干部要注重差异化培养

　　打造一支高素质的干部队伍,始终是新时代国有企业的一项重要课题,也是摆在每一个国有企业教育培训管理者面前的难题。在谈到国企领导干部这一"关键少数"时,习近平总书记强调:"国有企业领导人员肩负着经营管理国有资产、实现保值增值的重要责任,要让国有企业领导人员在工作一线摸爬滚打、锻炼成长,把在实践中成长起来的良将贤才及时选拔到国有企业领导岗位上来。"[①]可以说,领导人员来源于干部队伍,每一个干部在未来都有可能成长为领导人员。所以,新时代国有企业干部培养直接关系到国有企业实力和活力的增强,对我国国有资产保值增值至关重要。

　　为了更好地做好国企干部培养工作,习近平总书记多次提出重要要求,为新时代国有企业干部培养工作指明方向。总体来说,做好新时代国有企业干部培养,要坚持党管人才原则,关键是遵循人才成长规律。那么,怎样做才是遵循人才成长规律呢?差异化培养是其中的一项重要原则。

　　差异化培养与我国古代"因材施教"的培养有着异曲同工之妙。作为在我国有着上千年历史的教学原则和教育思想,"因材施教"语出《论语·为

---

① 习近平:《在全国国有企业党的建设工作会议上的讲话》,新华网,2016年10月10日。

政》，是指在"育人成才"这一共同的培养目标下，根据个体差异，即培养对象的个性、兴趣、能力等，采用差异化培养方式，使每一个个体按照适合自己的路径茁壮成长。习近平总书记在干部培养中始终遵循"因材施教"这一原则。在正定时期，习近平同志开展了3次知识分子的普查，做到对知识分子的专业、特长、经历、爱好等信息底数清楚。结合岗位实际要求和人才普查结果数据，合理安排人才并开展培养工作，从而做到人岗高度匹配。在浙江时期，习近平同志为了解决人才发展困境，面向不同的培养对象制定差异化的培养举措，为浙江广大干部持续学习、终身成长奠定了基础。2010年，时任中央党校校长的习近平同志曾指出："（各级党校要）坚持教无定法、贵在得法，针对不同对象、不同专题和不同内容，采取灵活有效的培训方式和手段，因人施教，因材施教，增强培训的互动性、实践性和实效性。"[1]这为干部培养工作指出了具体的实践路径。党的十八大以来，习近平总书记更加强调干部差异化培养，通过一系列全方位系统化的干部培养重大部署，推动新时代干部培养工作取得历史性成就，发生历史性变革。习近平总书记先后18次在中央党校各级干部开班仪式上发表重要讲话，在各类专业会议上也多次提到干部培养要因材施教。干部"因材施教"式培养，要在对干部重视、关怀、爱护的基础上系统性创新，综合考虑干部的实践经历、个人兴趣、个性特征差异化培养。强调分级分类培训、创新培训方式方法，充分调动人才成长的主观能动性自主学习，鼓励广大员工在深入实践中成长成才。

因此，新时代国有企业干部的"因材施教"式培养要从以下三方面下功夫：

一、要在分级分类培训和方法创新上下功夫

干部成长过程中，因为自身实践经历不同、年龄差异和成长期待的差别，需要提升的能力千差万别，因此新时代干部培养不能"一刀切"，必须在详尽掌握干部具体信息后加以辨别区分，尽可能满足干部自驱成长的不同需求，开展差异化培训。紧紧贴合企业发展的前沿需要和知识爆炸的时代特点，紧

---

[1] 习近平：《做好新形势下干部教育培训工作》，《学习时报》2010年10月25日。

密结合干部员工特点和实际，坚持教无定法，面向不同对象，开展内容不同的培训，采取差异化的培训方式，充分增强学员的互动性、操作性和实效性。

作为一名培训管理工作者，在新时代国有企业干部的"因材施教"式培养中，可以以员工岗位需求为导向，"点餐式"差异化培训推动个性化发展。以员工需求为出发点，以"岗位所需、能力必备"为目标，根据各岗位要求及人员能力情况，分层次、分类别，开展差异化培训。有条件的话，培训前开展必要的需求调研，让培训管理人员了解员工口味（即"点菜"），然后培训管理人员综合员工需求和实际情况，制定以专业基础知识、实际操作训练等为主要内容的个性化培训计划（即"掌勺"），通过菜单选课、套餐定制等方式，引入行动学习、案例研讨、VR体验等新型教学方法，对员工进行分批、分阶段的培训。

二、要在激发人才成长动能上下功夫

随着我国经济的高速腾飞，"自驱力"被提及的频次越来越高。如何提高干部员工的学习自驱力，帮助干部员工自主学习、成就梦想，成为每一个培训管理者的责任和追求。近年来，随着新时代形势任务的持续变化、国家对于人才的优惠政策持续深化和知识爆炸时代带来的"本领恐慌"，越来越多的干部学习成长的积极性空前高涨，但仍有相当数量的干部员工小富即安、懈怠自满，缺乏成长动力。因此，通过组织行为充分调动人才成长的主观能动性，利用业余、工余时间自主学习至关重要。

作为一名培训管理人员，在新时代国有企业干部的"因材施教"式培养中，一方面要让先进典型树立榜样，充分发挥自己的带动作用，让干部员工对标对表、与之看齐，通过打造技能大师工作室等载体平台，发挥高级专家的引领作用，支持广大人才立足岗位，开展技术攻关、带徒传艺、技艺革新、实践实训等工作，充分发挥高级专家领衔作用和"传帮带"优势。另一方面可以通过"大云物移智"的数字化手段，搭建线上成长学习平台，给有意愿利用业余时间学习成长的干部员工提供学习机会，同时以数字化手段和"虚拟红包"相结合的方式，健全培训积分管理机制，激发人才成长自主性，建立人才成长档案和学习地图，打造干部成长终身学习生态圈。

三、要在聚焦岗位实践锻炼上下功夫

实践是员工个人能力增长的最快方式,要想成长为企业所需的栋梁人才,就要在企业的工作实践中不断锤炼自己,沉下心来,在一线扎根,以知导行、以知促行,知行合一,通过不断实践探索,逐步提升能力素质,勇担时代重任。

在新时代国有企业干部"因材施教"式培养中,要鼓励广大干部员工勇于加入到新时代的伟大实践中,在真正的战场上磨砺自己,以出色的本领担当作为,为企业做出突出贡献。在这样的过程中,要有针对性地加强对年轻干部的思想淬炼、政治历练、实践锻炼、专业训练,帮助干部提高分析和解决问题的能力。例如,在青年员工培养中,开展职业导师和专业导师"双导师"制度,创新青年员工培养模式,职业导师帮助青年员工扎实走好入职"第一步",专业导师帮助青年员工在岗位实践过程中持续提升自己,既解决工学矛盾,还可以实现师徒之间的良性互动与交流提升。

一花一世界,一木一浮生。生命是丰富多彩的,每个个体也是千差万别的。面对当今社会人才竞争激烈的局面,新时代国有企业干部培养工作要把因材施教作为首要原则,有针对性地对干部进行差异化的教育培养,使广大干部员工经风雨、见世面、壮筋骨、长才干,为全面建设社会主义现代化国家、实现中华民族伟大复兴的中国梦做出更大贡献。

评论

世界上没有两片完全相同的叶子,更没有完全相同的两个人。因此,在企业干部的培养中,不可能做到千人一面,而是得努力做到因需育人,只有"因材施教",方可实现"百花争艳"。在干部教育培养中,存在"一"与"异"的对立统一关系。"一"是目标一致、要求一致,"异"是岗位不同、禀赋不同。"因材施教"就是要在发现和承认"异"的基础上,实现教的结果的同。实事求是地说,要做到完全的"因材施教",困难重重,但这不妨碍我们把它当作崇高目标来追求。本文作者的思考,就是这种追求的具体体现,当越来越多的思考出现且付诸实践的时候,我们就会离这个目标越来越近。

人才篇

加强国企年轻干部培养的"田间管理"

习近平同志强调:"年轻干部培养,不能搞大水漫灌,更不能任其自然生长,要精耕细作,加强田间管理,及时施肥浇水、修枝剪叶、驱虫防病。"[1]为党组织培养年轻干部指明了方向、提供了遵循。

习近平同志高度重视年轻干部培养工作,2019年3月以来,习近平同志连续6次在中央党校(国家行政学院)中青年干部培训上亲自讲授"开学第一课"。同时,习近平同志还多次对年轻干部的标准条件、人选发现、选拔任用等方面提出明确要求,强调优秀年轻干部必须对党忠诚,坚持中国特色社会主义道路,坚定不移听党话、跟党走;要有足够本领来接班;要把当老实人、讲老实话、做老实事作为人生信条;等等。

习近平同志在高度重视年轻干部培养的同时,尤其注重年轻干部培养的"田间管理"。习近平同志在担任耿飚同志的秘书一段时间以后,坚持到基层工作,为年轻干部"向下扎根"做出了表率。[2]在任福建宁德地委书记

---

[1] 习近平:《在2018年全国组织工作会议上的讲话》,《人民日报》2018年7月6日。
[2] 中央党校采访实录编辑部:《习近平的七年知青岁月》,中共中央党校出版社,2020年,第77页。

时,习近平同志就撰文提醒年轻干部在成长过程中特别要注意四忌:一忌急于求成,二忌自以为是,三忌朝令夕改,四忌眼高手低。[1]在浙江工作期间,在习近平同志的倡导下,浙江省委出台《关于认真落实"三真"要求,切实加强基层干部队伍建设的意见》,提出切实加强对基层干部的培养锻炼,加大对优秀基层干部的选拔力度等十条措施,每一条都言之有物,每一条都体现着问题导向,每一条都体现组织的关爱。[2]

我公司作为驻津央企,担负着重要的政治责任、经济责任、社会责任。当前,中央的精神、国网的部署、公司的发展,都对加快年轻干部成长发展提出了明确要求,要求我们必须以习近平总书记的重要论述为根本遵循,加强年轻干部培养的"田间管理",促进"好苗子"健康成长。

加强"田间管理",首先要"选好种子",突出政治标准,做到"首关不过,余关莫论"。习近平总书记强调:"我们挑选年轻干部,千条万条,第一条就是看是否对党忠诚;我们培养选拔优秀年轻干部,千条万条,第一条就是教育他们对党忠诚,坚决防止政治上的两面人。"发现培养选拔优秀年轻干部,要把政治标准摆在首位,增强"四个意识"、坚定"四个自信"、做到"两个维护",始终在思想上政治上行动上同以习近平同志为核心的党中央保持高度一致。要加强政治素质考核,深入了解年轻干部在政治忠诚、政治定力、政治担当、政治能力、政治自律等方面的表现,严把政治首关。要教育引导年轻干部坚持围绕中心、服务大局,自觉在党和国家工作大局、事业发展需要上想问题、做工作、找定位,把讲政治的要求贯穿于履职尽责全过程,敢于担当、知难而进,以钉钉子精神真抓实干、干出实效。

加强"田间管理",要树立工程概念,做到"十年树木,百年树人"。年轻干部培养不是一朝一夕、一蹴而就的。发现培养选拔优秀年轻干部是一项

---

[1]《求是》杂志编辑部:《新时代年轻干部成长成才的根本遵循》,求是网,2022年1月31日。

[2] 中央党校采访实录编辑部:《习近平在浙江》(下),中共中央党校出版社,2021年,第363页。

系统工程,必须统筹谋划、协调推进。要坚持规划引领,立足干部队伍现状,着眼事业发展近期和中长远发展需要,从干部队伍的数量、专业、结构、班子搭配等维度,综合确定年轻干部培养目标任务。建立发现识别优秀年轻干部的常态化机制,坚持集中调研和日常了解相结合,深挖日常考核、年度考核、任职考察等考核"大数据"价值,做到优秀苗子早发现、早培养、早使用。要拓宽年轻干部调研范围,通过"下管一级、考察两级"等方式,从本部门、业务单位、支撑机构等多渠道发现识别优秀人才,在更宽领域、更大范围发现优秀年轻干部,动态掌握一批政治过硬、培养成熟、近期可提拔使用的优秀年轻领导人员,建好优秀年轻干部"蓄水池"。

加强"田间管理",要注重施肥浇水、修枝剪叶,做好"墩苗助长"。综合用好各类培训资源,特别是加强专业培训和实践锻炼,全面提升年轻干部的学习思考能力、科学决策能力、统筹协调能力、推动落实能力、改革创新能力、专业管理能力、队伍建设能力、依法治企能力。对于能力、本领不足的"夹生干部",要注重靶向补足,通过交流培养、挂职锻炼、项目攻关等方式,不断开阔思路事业、更新知识结构,使其能力素质跟上时代步伐和事业发展需要。要坚持系统培养,注重个性化、定制化、"滴灌式"的培养方式,在培养模式上,由传统的"内循环培养"向开放的"全生态培养"转变。要有意识地把年轻领导人员放到项目攻坚主战场、改革发展第一线、科技攻关最前沿任职锻炼,促进年轻干部经风雨、见世面、壮筋骨、长才干。

加强"田间管理",要科学选拔任用,坚持"以事择人、人岗相适"。选拔使用年轻干部,要注意把握好分寸,既不能捂着盖着,让年轻干部"压了一茬又一茬",也不能搞唯年龄的"一刀切",走进拔苗助长的"死胡同"。要树立正确的选人用人导向,坚持出于公心、以事择人,下大力气破除唯票、唯分、唯排名、唯年龄,打破任级早晚、职务类别等隐性台阶,对于想干事、能干事、会干事、干成事的年轻干部人才,敢于大胆提拔使用。要打通年轻干部成长通道,通过优化进口、畅通出口、能进能出、能上能下等措施,为年轻干部提供更多的实践岗位和平台。要树立整体意识,坚持老中青结合,加强对领导班子的综合分析研判,正确处理培养选拔优秀年轻领导人员和用好各年龄段领导人员的关系,充分调动各层级领导人员队伍积极性。

加强"田间管理",要强化从严管理,及时"驱虫防病",促进"好苗子"快速成长。习近平总书记在十九届中央纪委六次全会上指出:"要加强年轻干部教育监督管理,教育引导年轻干部成为党和人民忠诚可靠的干部。"[1]要建立健全针对年轻干部的跟踪考核机制,结合干部考察、工作调研、日常考核等工作,加强关键信息台账管理,建立负面问题清单,及时了解掌握年轻干部的日常表现。要将年轻领导干部作为监督管理的重点对象,严格落实个人有关事项报告、重要情况请示报告等制度,加强"八小时外"监督管理,及时告诫提醒苗头性、倾向性问题。要关心年轻干部工作生活,落实谈心谈话制度,健全容错纠错机制,及时帮助解决实际困难,让年轻干部放下包袱、轻装上阵。

习近平总书记强调:"实现中华民族伟大复兴,坚持和发展中国特色社会主义,关键在党、关键在人,归根到底在培养和造就一代又一代可靠接班人。"[2]公司在国家电网公司系统举办"青马工程",以"培训+实践+考核"的方式,将习近平新时代中国特色社会主义思想作为主课首课,深入开展理论教育和全方位培养锻炼,让我们经受系统的政治洗礼和思想升华,就是加强年轻干部"田间管理"的有效载体和平台。作为青马学员,我将时刻牢记习近平总书记的谆谆教诲自省自励,不折不扣落实公司党委要求,自觉对标对表,补短板、强弱项、提素质、增本领,加快成长成才,扛起责任使命,真正成为公司事业发展的骨干和栋梁。

---

[1]《习近平在十九届中央纪委六次全会上发表重要讲话》,新华社,2022年1月18日。

[2] 习近平:《在2018年全国组织工作会议上的讲话》,《人民日报》2018年7月6日。

评 论

　　习近平总书记十分注重年轻干部的培养工作,他不仅亲自给年轻干部授课,而且对如何做好年轻干部的培养做出系列指示要求。面对实现民族伟大复兴、开启实现第二个百年奋斗目标新征程使命任务,对年轻干部培养的重要性如何强调都不为过。得年轻干部者得未来。而要使年轻干部成为党和人民信得过、靠得住的力量,就必须加大培养力度,强化"田间管理",随时随地校正发展方向,不断添加养分,不断清理不利于其成长的环境,不断给予其锻炼实践的机会,增益其所不能。具体到国企怎么做、谁来做、做成什么样,这是本文提出并试图努力回答的问题。我们有足够的时间在企业发展征途中来验证这些思考的力量和价值。

思想领航 悟道管理

学习和实践是走向未来的两个利器

习近平同志在欧美同学会成立100周年庆祝大会上发表重要讲话,强调:"梦想从学习开始,事业从实践起步。当今世界,知识信息快速更新,学习稍有懈怠,就会落伍。有人说,每个人的世界都是一个圆,学习是半径,半径越大,拥有的世界就越广阔。"[1]党要实现长期稳定的发展,必须加强学习,注重建设学习型党,这具有十分重要的意义。

为了紧追当前社会发展进步的潮流,必须不断加强学习,并拓宽视野。由于全球形势越发复杂,环境变化也越来越大,科学技术更新的速度持续加速,学习已经被认为是越来越重要的事。如何巩固党的执政基础,如何带领国有企业科学发展,只有通过加强学习,完善国有企业党组织的建设,才能适应新形势和新任务的要求。国有企业党组织要想保持和发展先进性,就必须建设学习型党组织,这是客观要求。加强自觉学习,对发挥国有企业的党组织作用,保障党在企业的政治领导地位十分重要,这将有益于保证党的先进性,夯实党的执政基础,强化党的执政能力。

---

[1]《习近平在欧美同学会成立100周年庆祝大会上的讲话》,人民网,2013年10月21日。

习近平总书记高度重视学习对当今社会发展的重要作用。他指出,中国共产党人依靠学习走到今天,也必然要依靠学习走向未来。我们的干部要上进,我们的党要上进,我们的国家要上进,我们的民族要上进,就必须大兴学习之风,坚持学习、学习、再学习,坚持实践、实践、再实践。全党同志特别是各级领导干部都要有加强学习的紧迫感,都要一刻不停地增强本领。习近平总书记提倡实干,反对学习和工作中的"空对空",他强调,学习不仅要原原本本学、反反复复学,做到知其然,而且要联系实际学、深入思考学,做到知其所以然。领导干部要发扬理论联系实际的马克思主义学风,带着问题学,拜人民为师,做到干中学、学中干,学以致用、用以促学、学用相长,千万不能夸夸其谈、陷于"客里空"。

坚持"学习、实践,再学习、再实践"的学习型党组织建设方法,就是要把学习的成果应用到工作中去,在实践中检验学习的效果,发现仍然存在的短板,然后继续学习补强。要做到干什么工作,学什么知识,哪里薄弱,补强哪里。切实做到对岗位职责所需的知识了然于胸,这样才能做好领导工作,才能成为行家里手,而不是人们口中的外行领导。

学习型党组织的建设是国有企业开创党建创新事业的重要抓手,这项工作是开创性的,没有以往的可参考经验,更没有成熟不变的公式可以照搬。国有企业应该根据"学习、实践,再学习、再实践"的思路,根据企业实际情况,不拘一格地探索和创新,找到符合自身需求的创建之路。

要建立氛围良好的学习环境。应该努力培养人人爱学习、人人重视学习、人人尊敬大师的良好学习环境。让广大党员树立全员学习、终身学习的思想,建立促进学习的科学制度,要持续不断地促进党员提升自身的学习能力,持续巩固知识内涵,党员干部应该在普通群众中起引领作用,增强党组织的创新能力,凝聚广大群众的思想意识。国企的党组织要提高对加强学习重要性的认知,把它放在关乎企业发展、党组织前途命运的高度,通过各种渠道宣传学习型党组织的重要意义。对于加强学习的思想认识大家必须要达成一致,要熟知和掌握学习型党组织建设的整个业务流程,包括建设的理论基础、创建工作的基本思路、分步实施的阶段性安排、其他相关要求等，主动投身于建设活动中。国网天津市电力公司始终把党建工作放在非常重要的位置，积极组织多种形式的活动开展学习型党组织建设，在活动中凝聚大家的共识，提高理论修养和专业本领，不断增加新的知识，锻炼新的本领。国网天津电力通过多种途径营造浓厚的学习氛围，在领导层面定期开展中心组学习，在员工层面开展多种形式的人人上讲堂，激发员工自主学习的动力和热情。在组织形式上，发挥各级党组织的作用，促使党员做到全体学习，全程学习，创造人人都爱学习、随时都应该学习、在哪里都可以学习的学习氛围，营造人人爱学习的良好学习环境。

要发扬领导干部的示范带动作用。党的各项工作，尤其是学习型党组织的建设，领导干部必须冲锋在前，发挥示范带动作用。担当作为也是新时代下提高领导干部执政能力的根本要求。领导干部不仅要加强学习，还要应用于实践，在实践中检验学习的效果，发现能力的短板。学习要作为一种良好的工作和生活习惯，要作为工作责任，提高自己的思想境界。在实践中增长阅历，拓宽专业视野，在实践中认识规律，寻找真理，使自己变得更加充实、更加睿智。领导干部尤其要深刻认识自己在带头作用上的责任，以钉钉子的精神和攻坚克难的行动来促进学习型党组织的建设。领导干部应该在学习型党组织的实践、倡导、组织、推动上自觉发挥作用，努力践行责任。国网天津市电力公司高度重视学习型党组织建设，领导干部始终冲锋在前，集体研讨制定远景规划，制定完善的组织架构，确定近期实施方案，落实具体的工作任务，安排相应的保障措施，确保全环节高质量实施，在学习型党组织的建设中发挥了重要作用。

在实践中坚持创新。学习型党组织要想持续健康发展，就必须坚持创新，注重建设实效。缺乏创新，尤其是没有实践来源的创新，建设学习型党组织的任务就不会取得实效。创新必须依靠本职工作，结合自身业务去发现问题，在解决问题中大胆创新，摸索符合自身情况的创新发展之路。结合企业文化、企业宗旨创建的学习型党组织才具有灵魂，在企业发展、事业开拓中不断开拓创新才能让党组织永葆活力。国网天津市电力公司在学习型党组织建设中追求实际效果,坚持"学习、实践,再学习、再实践"。在实践中发现问题,在学习中解决问题。在当前"碳达峰、碳中和"背景下,天津公司积极推进电力"双碳"先行示范区建设,服务国家构建以新能源为主体的新型电力系统的大局,把学习型党组织建设的重点聚焦到公司的主营主业,用创新的方式解决发展中遇到的新问题,将创新成果应用到电网发展和企业发展中,真正实现党建和业务的融合,以学习型党组织的建设凝聚各专业合力,实现党员、党组织、企业的共同发展。通过在不断的创新实践中提升学习效果,真正实现了学习型党组织的建设。

当前,我国正处于实现第二个百年奋斗目标的新征程上,我们必须不断地完善马克思主义学习型政党建设,坚持主动学习,坚持在实践中检验学习效果,坚持把学习成果融入经济社会发展的大局,以实际行动服务我国能源结构的绿色转型升级,发挥好国有企业的大国重器担当作用。

评论

习近平总书记酷爱学习,也非常善于学习。不仅如此,他对党员干部、职工群众以及各类党政企事业组织都提出要不断学习,在学习中不断进步的要求。我们都知道,干事创业离不开各类知识的支撑,而知识只能来自于学习,要向书本学、向前人学、向实践学。只有不断地学习,才能让知识总量几何级地增长,才能够在各种纷繁复杂的环境中识别方向,把握真谛,破解难题,建立新功。然而不同的群体,学习的方法不同、投入不同,产出也不同。换句话说,学习也要有科学方法的指导才能取得理想的效果。作者从党组织的实际出发,结合相关理论提出了一个团体学习的重要性、途径和方法,这些思考完全可以通过今后的实践加以验证。

思想领航 悟道管理

新时代国企青年职工主人翁意识的再造

2020年11月,习近平总书记在全国劳动模范和先进工作者表彰大会的讲话中,对工人阶级提出了明确要求:"工人阶级和广大劳动群众要把党和国家确定的奋斗目标作为自己的人生目标,坚定不移听党话、跟党走,当好主人翁,建功新时代。"[1]国有企业作为中国特色社会主义的重要物质基础和经济基础,国企职工作为企业的主人翁,传承弘扬好敬业奉献、拼搏进取、奋勇争先的工人阶级光荣传统,是新时代建设中国特色现代国有企业制度征程中不可或缺的重要一环,也是国企职工在全面建成社会主义现代化国家的历史使命中担当作为的重要体现。

习近平总书记指出:"工人阶级是我国的领导阶级,是我国先进生产力和生产关系的代表。"[2]我们党是依靠工人阶级成长起来的,在新时代全面建设社会主义现代化国家的新征程中,工人阶级尤其国企职工队伍仍然要承担主力军的角色。具有社会主义性质的中国国有企业,相比资本主义企业

---

[1] 习近平:《在全国劳动模范和先进工作者表彰大会上的讲话》,人民网,2020年11月24日。

[2] 习近平:《在同全国劳动模范代表座谈时的讲话》,人民网,2013年4月28日。

的根本优势,在于能够焕发出国企职工队伍的积极性创造性,激发出高度的主人翁意识和强烈的责任荣誉感,汇聚起最广大职工的磅礴力量。青年代表着方向、代表着未来,国企青年职工主人翁意识的再造是保障我国国有企业竞争优势和发展活力的根本来源,也是全面建设社会主义现代化国家的人才基础和力量保障。在新时代多种因素的交织影响下,如何再造新时代国企青年职工的主人翁意识,是摆在我们面前的难题,需要及时做出回答。

新时代国企青年职工普遍具有学历较高、接受新鲜事物能力强、思想多元化的特点。受时代主客观因素的影响,部分青年职工入职之初也显现出缺乏大局意识、团队协作能力不够强,缺乏敬业奉献精神等问题。实践是理论之源,新时代国企青年职工主人翁意识培育工作相比建国初期或者改革开放时期,其核心内涵和实践方法必然要有新的变化、新的发展,需要一个主人翁意识再造的过程。激发新时代国企青年职工爱岗、爱企、拼搏奋进的内生动力,再造新时代国企青年职工主人翁意识,是国企发展的必然要求,其现实意义十分显著,并有长远的历史影响。

一是要加强青年职工的理想信念教育。习近平总书记指出:"我国工人阶级和广大劳动群众是国家的主人,要自觉做中国特色社会主义的坚定信仰者、忠实实践者。"[1]理想信念教育是国企青年员工树立正确世界观、人生观、价值观的最有效途径,志存高远才能登高望远,胸怀天下方可大展宏图。理想信念教育有助于国企青年职工不断增强做中国人的志气、骨气、底气,有助于不断增强青年职工的行动担当能力,为国企青年职工的成长打好了基础、明确了方向。

二是要培养青年职工参与企业管理的意识。习近平总书记指出:"一切治理活动,都要尊重人民主体地位,尊重人民首创精神,拜人民为师。"[2]在任正定县委书记时,习近平同志就曾邀请返乡大学生开展关于正定发展的座谈

---

[1] 习近平:《在全国劳动模范和先进工作者表彰大会上的讲话》,人民网,2020年11月24日。

[2] 《习近平谈治国理政》(第二卷),外文出版社,2017年,第291–298页。

会,听取他们对正定发展的建议,肯定了正定籍大学生建设家乡的主体地位,为后来很多大学生回到正定家乡发展,把参与建议变成现实行动奠定了基础。

我们也要鼓励青年职工积极主动地参与企业事务,发挥学历水平高、思想多元化的特点,积极为企业的发展献言献策。强化"董事长联络员""合理化建议"等职工与领导层直接沟通的桥梁渠道,实现国有企业与青年员工协商共事、效益共创、共建共享。集聚全体职工的智慧,可以使企业政策制度、重大决策、战略管理变得优化和全面。青年员工通过参与企业管理和发挥个人的主动创造性,也有助于企业归属感和岗位荣誉感的提升,主人翁意识的增强。

三是要关心青年职工思想动态和职业发展。习近平总书记指出:"国有企业必须坚定站稳人民立场,正确处理效率与公平的关系,让企业改革发展成果更多惠及广大员工。"[①]在任宁德地委书记时,习近平同志曾把每月20日定为县市领导迎接群众来访的"公仆日",也就是老百姓口中的"连心日",现场了解群众困难,解决群众问题,得到老百姓的一致好评。

我们在维护青年职工主人翁地位时,也需要从关心关爱青年职工维度来思考。新时代的青年职工大部分为独生子女,普遍存在以自我为中心、抗压抗挫能力差等问题。因此我们要关注青年职工冷暖,及时协调解决工作生活上的困难,给予思想上的爱护和帮助,才能焕发出和企业同呼吸共命运的意识。首先要和青年职工"心连心",通过谈心谈话、交流座谈等形式关注职工思想动向,让职工平衡心理、提神鼓气,以积极饱满的情绪投入到工作和生产中去。其次对个性不同的职工或者不同群体的职工,要重点把握心理动态差异和存在问题,积极采取主动措施,及时进行化解,把问题解决在萌芽状态。最后要为青年职工成长搭台铺路,青年职工普遍受教育程度高,工作能力强,但也存在缺乏实践经验的问题,要给其创造发挥潜能、勇挑重

[①] 习近平:《在全国国有企业党的建设工作会议上的讲话》,共产党员网,2016年10月10日。

担的工作机会,让其有舞台、有方向,从思想认识、业务能力和政治素养上全维度提升,这也是职工主人翁地位的本质体现。

四是要强化青年职工主人翁地位的制度保障。习近平总书记指出:"要健全以职工代表大会为基本形式的民主管理制度,推进厂务公开、业务公开,落实职工群众知情权、参与权、表达权、监督权。"①习近平同志在浙江任职期间,就曾研究制定政协部门履行职能的"三化"制度,强化了民主监督制度,用制度保障了职工民主权利的发挥,取得了显著的效果。

在新时代的国企管理中,制度的保障作用对青年职工主人翁作用的发挥起着稳定器和压舱石的作用,建立完善的民主集中制度,才能保证主人翁地位的落实不走形、不变样。民主集中制包含"民主"和"集中"两个对立统一的方面,片面强调"民主"就可能因每个人都以自己的利益为导向,陷入无休止的大讨论,难以形成整体的方案和决策;片面强调"集中"则会出现一言堂、决策武断、决策缺乏科学性乃至滋生腐败等问题。如果没有制度的保障,民主集中制的落实极易出现偏颇,职工主人翁地位的落实也会逐步变样。严格落实国有企业"三重一大"决策、党委会制度、职工代表大会等国企民主管理制度,可以有效规范管理者的权力运行,确保职工了解企业重大决策、生产经营目标、重要工作进展等信息的渠道畅通,同时也压实了职工对企业发展建言献策的责任担当,激励广大职工围绕共同愿景而努力奋斗,从而保障新时代国企青年职工主人翁地位落到实处。

再造新时代国企青年职工主人翁意识,可充分调动广大青年职工群体的工作积极性,主动贡献智慧和力量,将人生价值实现统一到企业的发展目标上来,形成一支有理想守信念、懂技术会创新、敢担当讲奉献的新时代国企青年队伍,为将我国国有企业打造成为占据国际主导地位的领军企业,建成世界一流企业的领跑者奠定坚实人才基础。

---

① 习近平:《在全国国有企业党的建设工作会议上的讲话》,共产党员网,2016年10月10日。

评 论

"当好主人翁,建功新时代"是习近平总书记对我国工人阶级和广大劳动群众的殷殷嘱托。广大劳动者特别是青年职工要真心真意树立起主人翁意识,才能够在企业建设改革发展的各个阶段敢于拼搏、勇于奉献,才能够创造出不负韶华的一流业绩。怎样才能够让青年职工在坚定不移建设社会主义市场经济的伟大事业中牢固树立主人翁意识,这既是一个理论问题,更是一个重大的实践问题。作者进行了思考,并提出原则层面的方法,我们期待这些方法能够在实践中最大限度地贴近实际,并在实践之中开花结果。

\人\才\篇\

"双向激励"促"担当作为"

习近平总书记多次强调干部要有担当精神,深刻指出新时代的领导干部是否敢担当、善作为决定着我们推进伟大事业的成败,他曾说:"干事担事,是干部的职责所在","要做好工作都要担当作为"。[1]可以说,激励广大干部担当作为是新时代党和国家实现改革发展稳定目标任务的重要保障,更是国有企业实现更好发展、创造更优业绩的迫切需要。

党的十八大以来,习近平总书记以非凡的政治智慧和政治魄力,带领我们党刀刃向内、自我革命,特别是把党员领导干部这一"关键少数"放在突出位置来抓,管党治党宽松软状况得到根本扭转,主动担当、积极作为成为绝大多数干部的鲜亮底色,为实现新时代党和国家改革发展稳定目标做出了突出贡献。然而在一些干部身上仍然不同程度地长期存在不为、慢为、乱为的现象。有的有责不敢负,在位不作为,存在"干得多、错得多"的思想顽疾,习惯于"躺平";有的常把担当作为挂在嘴边,其实却是"说的多、做的少",装样子作秀,耽误干事创业的好时机;有的看似敢作敢为,实则是"我行我素,

---

[1] 习近平:《在中央党校(国家行政学院)中青年干部培训班开班式上讲话》,新华网,2021年9月1日。

不守规矩",工作不切实际、损公肥私,凡此种种已然成为干部队伍中不可忽视、亟待解决的问题。

如何更好激励干部担当作为?研读习近平同志从梁家河一路走来的从政经历及其治国理政的相关重要论述,深学细悟其中的理论精髓,我们从中不难寻找到解题的"钥匙"。2017年,习近平总书记洞察全局,为新时代谋新篇、布新局,在十九大报告中针对怎样做好干部培养提出明确要求,"坚持激励和约束并重","建立激励机制和容错纠错机制",[①]为我们培养新时代担当作为好干部提出了清晰指引。2018年,在全国组织工作会议上,总书记再次阐明:要建立正向激励体系,同时要求实事求是、正确对待干部身上的缺点和不足……学习感悟习近平总书记激励干部担当作为的一条重要经验就是:正向激励鼓舞干部,反向约束鞭策干部,容错纠错保护干部。

理论源于实践,实践验证理论。通过深刻领悟习近平总书记关于激励干部担当作为的重要经验及相关重要论述,坚持将"双向激励"作为日常工作中培养一支敢担当、善作为干部队伍的重要遵循,众多国有企业进行了卓有成效的实践。特别是近年来,国家电网公司从总部到天津公司陆续下发《关于弘扬时代楷模改革先锋精神激励党员干部勇于担当作为开创公司高质量发展新局面的实施意见》《关于印发建立容错纠错机制激励担当作为实施意见》等一系列实施文件、出台了一系列举措,就是向习近平总书记学习运用正向激励、反向约束和容错纠错的具体实践,推动了各层级干部的选任、培养、管理有了实实在在的成效,广大干部担当作为成为新时代主旋律。

一是坚持正向激励鼓舞,提振干部干事热情。选好人用好人、树立正确的干部选用导向、畅通干部成长晋升的职业通道,是最有效的激励。从习近平同志任浙江省委书记时在督查队伍建设上可见一斑,他畅通督查队伍干部培养成长通道,提出从基层选拔能力突出、素质过硬的优秀干部补充新鲜

[①] 习近平:《在中国共产党第十九次全国代表大会上的报告》,新华网,2017年10月27日。

血液,激活了"一池春水"①,这使浙江全省督查系统干部同志备受鼓舞,更加奋发有为地做好督查工作。作为国有企业,国网天津电力公司学习运用正向激励,始终坚持选好人、用好人,"表现怎样、口碑怎样、业绩怎样"成为领导干部选拔的根本依据;坚持有为才有位,干部考察既看日常工作中的担当,又注重急难险重任务中的表现,对敢担当、善作为、能成事的干部,不拘一格、大胆使用,广大干部主动担当的氛围日益浓厚。

二是善用反向约束鞭策,倒逼干部担当作为。"批评、教育、处理不敢负责、不愿负责甚至失职渎职的干部,这是我们的一贯立场和做法"②,这是习近平同志对不敢担当、不善作为领导干部进行制度约束的鲜明态度。作为国有企业,国网天津电力公司善用反向约束,特别是发挥考核评价的约束鞭策作用,将干部考核经常化、制度化,建立履职表现档案,形成负面问题清单,全方位、多角度掌握干部履职情况;开展考核大数据分析,强化考核结果应用,不断完善"能上能下"的干部任免机制,针对不敢担当、不善作为领导干部,坚决采取绩效惩处、组织处理等约束手段,以刚性约束倒逼广大干部担当作为。

三是容错纠错保护干部,为担当作为者担当。时任宁德地委书记的习近平同志曾这样鼓励杨有志:"只要你大胆工作,干出成绩,组织还会关心和重用你。"③对杨有志这样在勇闯改革开放大潮中犯过错误的干部关心爱护,帮助闽东干部卸下思想包袱,重新鼓起改革开放热情。作为国有企业,国网天津电力公司坚持容错纠错"五条原则"和"七个分清"检验标准,区分主观故意与无心之过、区分公心与私利,审慎地对在担当尽职、改革攻坚、干事创

---

① 中央党校采访实录编辑室:《习近平在浙江》(下),中共中央党校出版社,2021年,第161页。

② 习近平:《敢于负责、善于负责》,载《之江新语》,浙江人民出版社,2007年,第229页。

③ 中央党校采访实录编辑室:《习近平在宁德》,中共中央党校出版社,2020年,第238页。

业中出现偏差失误的干部进行审查调查,科学准确进行责任认定,对该容的大胆容错,不该容的坚决不容;破除唯票、唯分现象,对考核中出现的异常得分要深入分析,对被恶意诬告的干部要及时公开正名,坚决不让真抓实干、担当作为的干部"流汗"又"流泪",要让担当作为者把党的各级组织作为自身最值得信任和依赖的力量。

新时代催生新思想,新思想引领新征程。得益于对习近平总书记关于激励干部担当作为重要经验的感悟总结,天津公司不断完善双向激励机制建设,引导广大干部在一个个工作岗位上发挥着"头雁"作用,闯险滩、过难关,在新时代新征程上敢担当、善作为,为公司高质量发展提供了重要干部队伍保障,充分彰显大国重器"顶梁柱"的责任担当。

评 论

中华民族伟大复兴,需要一批又一批想干事、能干事、干成事的建设大军不断做出努力和奉献。想干事、能干事、干成事意味着敢担当、善作为。习近平总书记对于培养一支敢于担当、善于作为的干部队伍有过多次重要论述。这些重要论述是我们在日常工作中通过双向激励挖掘培养担当干部队伍的根本遵循。本文作者提出通过3个机制的创设,从正反两方面完善干部队伍激励机制,以期达到催生新时代担当作为干部队伍的目的。这些思考尽管有些宏观,但不乏价值。在此基础上往微观层面上阐扬,是今后加强理论与实践结合的基本思路。

发 展 篇

导言

习近平总书记指出,面向未来,我们必须坚持抓好发展这个第一要务。发展才能自强,科学发展才能永续发展。在致"纪念《发展权利宣言》通过三十周年国际研讨会"的贺信中他强调,发展是人类社会永恒的主题,发展是解决中国所有问题的关键,也是中国共产党执政兴国的第一要务。习近平总书记在多个场合阐述发展理念,不仅指出发展的根本意义,而且给出发展的方向和道路。我们学习贯彻习近平新时代中国特色社会主义思想,应当把落脚点之一放在促进我国经济社会又好又快的发展上。国有企业是促进社会发展的主力军之一,在科技创新、管理改革、提升品质、服务社会等各个方面都应该能够起到推动社会发展的作用。国有企业只有不断锐意创新,不断破解难题,不断主动进行供给侧结构性改革,不断贯彻新发展理念,才能达到引领或者推动社会发展的目标。本篇内容主要是围绕国有企业实现什么样的发展、怎样才能实现发展等问题,分别从宏观、中观和微观层面进行了分析总结,有一些观点不乏启示意义,如果我们对国企发展这个问题的思考更加深入和持续,那么对我们今后要开展的工作将大有裨益。

\发\展\篇\

科技创新的"关键四招"

党的十八大以来,以习近平同志为核心的党中央高度重视创新工作。习近平总书记提出了一系列有关创新的重大论断,强调"抓创新就是抓发展,谋创新就是谋未来","推进以科技创新为核心的全面创新",特别是将"创新是引领发展的第一动力"写入党的十九大报告[①]和新修订的党章[②]。习近平总书记关于"第一动力"的论断,是对马克思主义关于发展理论的创造性发展,对"什么是生产力"以及"如何发展生产力"做出的重大理论创新,体现了习近平总书记对人类社会发展规律和历史发展动力机制演变规律的准确把握。从"科学是历史的有力杠杆、是最高意义上的革命力量"到"科学技术是第一生产力",再到"创新是引领发展的第一动力",实现了马克思主义唯物史观发展的重大飞跃[③]。

习近平总书记强调,实施创新驱动发展战略,必须紧紧抓住科技创新这个"牛鼻子"。当前,大国竞争核心是科技实力的较量,在综合国力竞争中科

---

① 习近平:《决胜全面建成小康社会 夺取新时代中国特色社会主义伟大胜利》,人民出版社,2017年,第31页。
② 《中国共产党党章》,人民出版社,2017年,第9页。
③ 王志刚:《矢志科技自立自强 加快建设创新强国》,《求是》2021年第6期,第21页。

技的竞争越来越激烈。2018年3月,美国挑动经贸摩擦,在这场看不见硝烟的战争中,科技创新是主角、焦点,是双方较量的"喜峰口""上甘岭"。美国从对中兴实施制裁,到限制华为等公司交易,目的只有一个,就是通过技术封锁这一"杀手锏",遏制我国的科技进步,进而遏制大国崛起、民族复兴。经过多年发展,我国创新能力、科技水平快速提升,在很多领域实现了领跑。但总体上看,我国还处在转变发展方式、优化经济结构、转换增长动力的关键时期,创新能力依然是短板,有些关键核心技术还受制于人,存在"卡脖子"现象。因此,我们必须加快科技创新步伐,努力抢占制高点和主动权。

中央企业作为"共和国长子",是建设科技强国的主力军;国家电网公司作为央企,在这场科技较量中必须也必将发挥极其关键的作用。我们要扛起时代责任和使命,加强科技创新,在核心技术开发应用方面率先突破,在创新创造中体现作为担当。全力抓好科技创新工作,需要坚持敢"破"善"立"、"管""用"并重。

一、敢"破"善"立"

从辩证唯物主义观点看,"破"与"立"是辩证的统一。"破"是"立"的前提,"立"是"破"的目的,其根本就是要适应形势、主动求变、赢得优势。要破到痛处、立到深处,在大潮涌动中闯出一条新路。"破",就是要破除桎梏。开创科技创新的新局面,首要任务就是要打破思想、体制、资源三大桎梏。要破除思想桎梏。思想是创新的起点,抓好创新首先就是要思想创新。当前颠覆性创新和跨界创新成为常态,要破除过去的观念,增强宽广视角、竞争意识和市场思维,要破除体制桎梏。深化科技改革,最紧要的是破除体制机制束缚。必须拿出真招实招硬招,破除一切制约科技创新的障碍藩篱,最大限度激发科技创新人员的潜能。要破除资源桎梏。科技创新拼的是实打实的投入。要"力"出一孔,加强科技创新经费投入,及时确保科技创新费用所需。加大基层创新资源投入,多出快出"接地气、易推广"的技术成果,将基层创新活力充分激发出来。

"立",就是要大立新规。顺应潮流、把握趋势,以新应新立导向、立规划、立规矩,从思想到制度来一场"大变革",打造一套与世界一流企业相匹配的创新体系。要立导向。把提升效率效益、服务水平和增强核心竞争力作为创新重要遵循。作为能源央企,我们要坚持走多元化创新道路。既要瞄准世界电力科技前沿,深入"无人区"超前开展前瞻性研究,掌握核心关键技术,也要立足一线的需要,加强群众创新,真正解决基层问题;既要适应能源革命与信息革命融合发展趋势,依托技术创新深化商业模式创新,也要立足地方发展需要,应用新技术提升管理质效、提供周到服务。要立规划。抓好科技创新,必须注重顶层设计、规划引领,科学谋划创新发展格局。要把握天津区位优势突出、创新资源集聚、开放程度高、发展平台高等特点,结合"一基地三区"功能定位,想深想透公司比较优势,立足全局和长远,打造公司主导、特色鲜明、错位发展的创新格局,占领未来发展制高点。要立规矩。要建立科技带头人工作机制,推广"刚+柔"创新团队模式,实施"保底+成果+应用"的差异化激励政策,为想干、能干、敢干的创新人才搭舞台。要加大各类模式创新奖励力度,不断激发创新热情,持续提升公司基础性、原创性、前瞻性创新能力。

二、"管""用"并重

想出好成果、大成果,"管"好是保障,"用"好是目的。必须坚持管用结合,双管齐下。

"管",就是要系统管控。高效的创新离不开创新的管理。要以"放管服"改革为契机,做好资源整合、效率提升、成果培育、风险防控的"加减乘除","管出"新水平"。管好资源。资源是创新的燃料,对创新资源的掌控力往往决定了创新的高度。树立"大资源"观,资金、技术、人才是资源,数据、情报、公共关系等也是资源,都是为公司服务的。要坚持"一盘棋",统一思想、统一步调,打破专业壁垒,强化柔性协同,集中资源突破关系电网转型升级和发展提质增效的重大关键科技问题。管好过程。创新立项模式,聚焦电网安全、人工智能等关键核心技术,实施科技项目"招拍挂",定期张榜公示摘牌。健全差异化管控机制,对于重大原创性技术创新,要从公司层面调配资源,配齐配强专业"导师",做好全过程支撑指导;对于技术应用创新,要强化"里程碑管理",严格按照节点计划开展项目督导,确保务期必成。尊重科技规律,把技术转移、成果转化作为重要评价标尺,建立健全分类评价体系,改变唯论文专利的评价标准,彻底解放科研人员的手脚。

"用",就是要实用实效。"穷理以致其知,反躬以践其实。"一切形式的创新,说到底就是要服务人民需求、企业需要。要出成果。既要渐进式创新、继承性创新,也要大胆开展原始性创新、颠覆性创新,补短板、填空白、强长板,确保关键核心技术自主可控。要出成效。成果不转化成经济社会效益就是极大的浪费。要深化与科研产业单位的合作,发挥好技术和产品开发优势,加速成果的转化。生产经营等专业部门要加大科技成果的应用力度,切实提高工作效率效益。要出人才。创新是第一动力,人才是第一资源。要依托重大项目、重大工程、重点实验室建设,在高精尖领域形成一批具有国际影响力的科技攻关团队。完善科技人才评价、选拔、培养、使用和激励机制,做强做优人才队伍。创新资源要向青年人才倾斜,让年轻人上"大舞台"、见"大世面"、练"大本领",培育一支思想开放、素质过硬、敢闯敢拼的后备人才队伍。

新征程呼唤新担当,新使命激励新作为。我们要继续深入学习贯彻习近平总书记关于科技创新的重要论述,加快科技创新步伐,持续激发创新活力,输出更多领先成果,为科技强国建设贡献更大的电网力量!

评 论

对于"创新是引领发展的第一动力"这一重大论断,大家不仅耳熟能详,而且已经把它当作贯彻新发展理念的具体指针。当今中国,对于要不要创新已经不再是个问题,问题在于怎么创新和怎么能够实现更好地创新。本文作者在研读习近平总书记关于创新的重要论述的基础上,结合企业特点和自身岗位的要求,从"破"与"立"、"管"与"用"的辩证关系上提出了自己的观点,观点简洁,也颇新颖,期待在实践中能够不断丰富和完善。

\发\展\篇

开放是企业发展的关键一招

习近平总书记指出:"开放带来进步,封闭导致落后。"①一个企业要想在新时代谋求新发展,继续走封闭僵化的老路是绝无可能的。实践已经证明,封闭僵化是一条死路,搞唯我独尊、赢者通吃也难以长久。对企业来说,如何进一步开放视野,包容合作,互利共赢,是谋求得到发展的关键。

当下,经济发展进入新常态,社会分工逐渐模糊,市场趋于饱和,同质化竞争、内卷愈发激烈;不少企业的管理者都面临着发展动能不足的压力。渐渐地,一味地做大自己那点事不够用了,挖掘增长新动能,成为了很多企业的生存发展主旋律。今天企业管理者面对类似问题,习近平同志在其从政经历中也遇到过。当时他在外部形势比今天更加复杂,生产力比今天落后得多的背景下,成功地解决了发展动能不足的问题。习近平同志的经验和所总结的规律,对我们今天做好企业发展工作仍有很强的指导意义。

首先是在思想上开放,打破固有定式,挖掘发展的新方向。1982年,习近平同志前往河北省正定县任县委副书记。到任后经过多方调研,习近平

---

① 习近平:《携手推进"一带一路"建设——在"一带一路"国际合作高峰论坛开幕式上的演讲》,人民网,2017年5月14日。

同志准确指出正定县"经济上农业单打一,农业上粮食单打一"①、"高产穷县"的发展现状。面对着人民温饱待解决、地方发展遇瓶颈的难题,他通过推行减少粮食征购、农民包干到户等农业改革举措,并利用正定区位优势,创新提出"依托城市,服务城市,大搞农工商、农民变工人、离土不离乡;城市需要什么,我们就种什么;城市需要什么,我们就加工什么"的"半城郊型"②经济发展路线,拓宽正定县发展渠道,实现了人民温饱,利城富乡。时至今日,正定县围绕"半城郊型"方略开发出的旅游产业,仍然为该县经济发展贡献力量。习近平同志正是通过解放思想,因地制宜,挖掘正定县地缘优势,为该县开放了更多的发展可能性。

其次是方法上开放,通过学习创新,积蓄发展的新能量。53年前,习近平同志来到陕北,在延安市延川县梁家河村度过了7年的青春岁月。1974年,习近平同志担任梁家河大队支部书记,履职期间,为了推动地方发展,习近平同志率先打开思路,积极学习先进地区经验,带队赴四川5个地区17个县学习沼气化技术,建成了陕西省的首个沼气池;同时,在7年间,他为当地带来了发展新理念:办缝纫社、办铁业社、办磨坊、种烤烟、办代销店、打井、搞河桥治理、打5大块坝地,只要是村民需要的,只要是发展需要的,他都去办。习近平同志正是通过创新发展方式方法,让新业态快速落地、茁壮成长,以实实在在的业绩带动了梁家河的发展。

最后是资源要素上开放,共享发展资源,实现互利共赢的新发展局面。作为党和国家领导人,习近平同志任总书记以来,面对"三期叠加"③、经济发展动能不足、新冠疫情影响持续、国际形势日趋复杂等不利条件,坚持以开放共享的发展理念,大力推进"一带一路"建设,扩大和深化对外开放,推动

---

① 中央党校采访实录编辑室:《习近平在正定》,中共中央党校出版社,2019年,第4页。
② 中央党校采访实录编辑室:《习近平在正定》,中共中央党校出版社,2019年,第4页。
③ 《2019年中央经济工作会议公报》,新华网,2019年12月12日。

与沿线各国发展战略的对接与耦合,发掘区域内市场的潜力,促进投资、出口和消费,以开放促改革、促发展。数据表明[①],2013—2021年,我国与"一带一路"沿线国家进出口总值从6.46万亿元增长至11.6万亿元,年均增长7.5%,占同期我国外贸总值的比重从25%提升至29.7%,有效带动国内经济稳步增长。

在新形势下,企业如何积蓄新动能,实现新发展,开放是关键一着。过去,企业发展强调核心竞争力和核心产品,有核心竞争力就有立足于市场的一席之地;如今,在同质化竞争明显的形势下,越来越多的企业开放发展思路,创新发展方式,探索合作共赢,将发展重心转向拓宽行业渠道、丰富企业生态、加强企业合作等,将发展的道路进一步开放,力图通过多元发展,探索新的增长点。

国网公司坚决落实新发展理念,在2021年4月创新性提出"一体四翼"发展布局,即在聚焦主责主业,大力推进新型电力系统建设的基础上,贯彻开放、多元的发展新理念,在国际板块、金融板块、传统产业板块及战略型新兴产业板块持续发力,为国网公司在新时期的发展中挖掘新的增长点。其中,战略型新兴产业的快速发展,是电网企业向开放共享、合作共赢转型的重要体现:通过将电网企业以前从不对外开放的在用资产,如电力杆塔、闲置房屋、光缆纤芯、通信电路、排管沟道、电力数据等优质资源,在依法合规的前提下,以市场化手段对社会需求方开放共享,打破电网企业独来独往的传统认知,挖掘电网资产增量价值,节约社会资源和外部企业成本,实现多方共赢。

我们准确把握"一体四翼"发展布局,积极探索将开放的发展理念推广于津沽大地:实体资源共享方面,电力杆塔视野广,路由优质,挂点丰富,与运营商基站信号覆盖、光缆传输以及政府企业方监控等需求相适;电力各级

---

① 《国新办2021年全年进出口情况新闻发布会图文实录》,国务院新闻办公室网站,2022年1月14日。

站房位置稳定,运行安全,电费透明,满足运营商等客户机房、数据中心建设需求;无形资源方面,电力数据作为唯一性数据,在企业用能研判、城市规划、民生分析等方面都有着重要且独到的支撑作用,通过合理加工可实现更广泛的经济价值和社会价值。通过积极挖掘外部市场需求,力求盘活各类资产,我们与政府部门、各运营商、能源类企业等外部客户主动对接,传递资源共享互利共赢的理念,在电力共享机房、共享杆塔、电力数据产品等方面实现与有关行业企业的试点合作,并将持续扩大深化,以实际行动在新发展格局下,为企业发展提供新的利润增长点。

改革开放是决定当代中国命运的关键一招。开放发展是企业经营发展的关键所在。我们需要深入学习开放发展理念,在思想上、方法上、资源上实现更深层次的开放,打开脑袋上的"津门",才能更好地在新形势下实现更高质量的发展。

评 论

中国共产党人是从世界历史形成和发展的角度来理解和认识开放的意义的,世界历史的形成和发展具有必然性。即使有这样或者那样短暂的起伏,世界的一体化总体上是一个不可逆的过程。改革开放是使中国大踏步赶上世界的关键一招,我国党和政府以及一切经济主体,都充分认识到实现健康的发展离不开且亟须开放,这既是世界发展的客观需要,也是发挥历史主动精神的必然。在开放格局形成且稳步发展的今天,企业更要发挥主动精神,主动开放、有序开放,在开放过程中锻造自己的品格和能力,为企业实现高质量发展赢得关键一步。

\发\展\篇\

生产安全是企业发展的基石

习近平总书记多次强调"人民至上,生命至上",这体现了习近平总书记深厚的为民情怀,也体现了中国共产党以人民为中心的发展理念。党的十八大以来,习近平总书记多次发表关于安全生产重要论述,多次做出重要指示、批示,党中央始终把安全作为头等大事来抓,国家相继出台了新《安全生产法》《刑法修正案(十一)》等一系列法律法规,安全生产领域制度的"笼子"越织越密,治理体系和治理能力建设成效显著,全国安全生产事故发生起数、死亡人数从2012年的33万余起、7万余人,降至2021年的3.4万余起、2.5万余人,分别下降89.7%和64.3%。

企业是经济社会发展的重要支柱,生产安全是企业发展的基石。近年来,国网天津电力基于自身发展现状,创新实施"1001工程"①,带动电网和企业管理等各方面取得显著提升,其中的重要基础性因素就是安全生产始终保持良好局面。不同企业生产经营环境不同,管理习惯不同,安全基础千差万别,如何抓好安全生产,重要的是立足于自身实际,对症下药。国网天津电力坚持从自身实际出发,深入分析内部存在的人身安全、电网安全、设备

---

① "1001工程":建党100周年初步建成世界一流能源互联网。

运维、网络信息安全、疫情防控、电力保供等方面薄弱环节和安全风险,以习近平总书记关于安全生产重要论述和指示批示精神为指导,采取一系列针对性强、扎实有效的管理和技术措施,坚守住安全底线和红线。

树牢安全发展理念至关重要。要干成事,首要问题是思想认识问题,认识是否到位是制约行动落实是否到位的重要因素。习近平总书记多次强调要牢固树立安全发展理念,深刻理解安全发展理念的内涵,深入践行安全发展理念,是企业安全发展、高质量发展的重要思想保障。如何树牢安全发展理念?把党建和安全生产深度融合,充分发挥党建引领和党员示范作用是关键一招。我们把习近平总书记关于安全生产重要论述和指示、批示精神作为重要学习内容,结合党委理论中心组学习、党支部"三会一课"和工区班组"安全日"多种形式,常态化开展专题学习,教育引导广大党员和职工从讲政治的高度深刻认识安全生产的极端重要性,从思想层面强化对安全发展的认知;坚持在安全生产实践中培养党员骨干,用安全生产成效作为衡量党员队伍战斗力的重要指标,划定党员在安全生产领域的"责任田",建设党员安全生产示范岗,突出示范引领作用,以党员带动群众,在行动层面把安全发展理念落实落地。从认知和实践两个方面形成和合力,树牢各层级安全发展理念。

向依法治理要安全。习近平总书记指出:"必须强化依法治理,用法治思维和法治手段解决安全生产问题。"[1]依法合规开展安全生产工作,是提升企业安全生产治理体系和治理能力的基础。对于企业来讲,只有严格遵守法律法规,才能把影响安全生产的重大问题从根本上消除,确保安全底线不被突破。国网天津电力不断强化依法治安,定期发布本企业适用的安全生产法律法规清单,对照法律法规,将依法治理的要求融入公司电网规划、设计、建设、运行等各环节,不断完善自身的安全管理制度体系,将违反安全生

---

[1] 习近平:《坚定不移保障安全发展 坚决遏制重特大事故频发势头》,新华网,2016年1月6日。

产法律法规的情况作为重大隐患,挂牌督办、限期整改,大到公司重大决策,小到班组的日常运行,都严格依照法规执行,用依法治理守住企业安全生产的底线。

向责任落实要安全。在落实企业主体责任方面,习近平总书记指出:"所有企业都必须认真履行安全生产主体责任,做到安全投入到位、安全培训到位、基础管理到位、应急救援到位,确保安全生产。"[①]一个企业中各个部门、各个岗位到底都有什么安全职责,怎么才能把责任落实到位?加强顶层设计,依法依规完善安全责任体系、实行安全责任清单化管理是一个有效方法。依据法律法规和规章制度,把各个组织和岗位的安全职责理清是第一步;建立覆盖各个组织和岗位的安全责任清单,明确履责的要求是第二步;对失职者照单追责,对尽职者照单免责,定期开展安全履责情况评价,确保清单的刚性执行是关键的第三步。国网天津电力建立了上至领导班子成员,下至普通员工,涵盖各级组织机构的安全责任清单,根据职责变化动态调整、定期修订,做到1.1万名企业干部员工安全责任全覆盖。在安全事件、违章行为惩处等方面严格照单追责,在领导人员队伍建设和各级单位业绩考核过程中,坚持把安全责任落实作为重要内容,施行安全生产一票否决,推动各级人员主动落实安全责任。

向源头治理要安全。习近平总书记指出:"要坚持标本兼治,坚持关口前移,加强日常防范,加强源头治理、前端处理。"[②]企业的生产、生活中不存在绝对的安全,人的不安全行为、物的不安全状态、安全管理上的缺失,都可能导致风险隐患的存在,风险隐患的失控就会导致事故的发生,关键是抓住重点、分级管控、关口前移、源头治理。重点是针对生产作业过程中存在的

---

① 《习近平在青岛黄岛经济开发区考察输油管线泄漏引发爆燃事故抢险工作时强调:认真吸取教训注重举一反三 全面加强安全生产工作》,新华网,2013年11月24日。

② 《习近平在中共中央政治局第二十三次集体学习是强调:牢固树立切实落实安全发展理念,确保广大人民群众生命财产安全》,新华网,2015年5月30日。

风险隐患,持续强化风险分级防控和隐患排查治理,构建与专业管理深度融合、责任内嵌、管理闭环的双重预防机制。国网天津电力梳理本企业148类典型生产作业,细化作业风险分级标准,运用定性和定量的分析方法,精准开展风险评估,确定风险等级和控制措施,通过建立安全风险督查机制,开展重要风险管控措施督查,有效管控安全风险。针对重点安全隐患分类制定排查标准,组建隐患排查专家库,定期组织安全隐患全面排查和专项隐患,滚动更新隐患数据库,推进安全隐患项目化治理,建立隐患治理绿色通道机制,构建了安全隐患综合治理体系。严把外包队伍和外包作业人员"安全准入"关,全面实施业务外包队伍黑名单、负面清单管理,从源头防范现场作业安全风险。

向科技创新要安全。习近平总书记指出:"解决深层次矛盾和问题,根本出路就在于创新,关键要靠科技力量。"[1]坚持科技兴安,以科技创新解决复杂的管理难题,是提高企业本质安全水平、防范化解安全风险隐患的根本手段。国网天津电力向来重视安全生产领域的科技创新,用创新驱动生产安全。比如在作业风险高度集中的配网带电作业领域,研发带电作业机器人,并不断迭代升级,实现了产业化和规模化,用机器人代替作业人员实施高风险作业,从根本上防范了该类生产作业存在的安全风险。

安全管理是一个复杂的系统工程,只有把习近平总书记关于安全生产的重要论述和指示批示精神作为抓好安全生产工作的根本遵循,把握企业当前安全管理的实际情况,找准自身安全管理工作中的问题和不足,制定并落实有针对性的改进提升措施,才能从根本上解决问题,推进安全水平的提升。

---

[1]《习近平参加十二届全国人大一次会议上海代表团审议时强调:以全球视野谋划和推动创新》,新华网,2013年3月5日。

> **评论**
>
> 安全是发展的重要前提。习近平总书记在多个场合多次强调安全的极端重要性,并就做好安全工作做出一系列重要指示。没有安全就没有发展,越是发展越要注意安全。发展过程中遇到的安全问题并不比没发展起来时候少。对于电力企业而言,安全不仅仅关乎自身的发展,而且关系到一切用电单位部门的安全、社会的安全、人民的安全。因此,电力企业的安全尤为特殊。作者对此进行深入思考,提出对策,指出实现安全的关键步骤,显示了一种未雨绸缪的责任担当意识。

思想领航 悟道管理

把纪律规矩挺起来 保障企业健康发展

习近平总书记强调:"要加强国有企业党风廉政建设和反腐败工作,就要把纪律和规矩挺在前面,持之以恒落实中央八项规定精神,严肃查处侵吞国有资产、利益输送等问题。"[1]欲知平直,则必准绳;欲知方圆,则必规矩。严守纪律规矩是我们党的优良传统和革命斗争制胜法宝。党员领导干部必须正确行使权力,坚持原则、依法办事、清正廉洁,才能促进企业健康发展。

习近平同志从政以来就一直注重对党员干部的管理,注重立规矩,不断加强制度建设,让党员干部有据可依,同时也很重视严格执行规矩,只有严格落实法律制度,才能使群众的利益真正得到保障。在正定,他提出"六项规定",要求领导干部在思想建设等六个方面转变领导作风;在宁德,他组织制定《关于地委、行署领导干部廉洁自律的若干规定》等规定,规范领导干部行为;在福州,坚决查处防疫站私分公款现象,规范干部公款公用;在上海,他建立土地交易市场制度、改革行政审批制度建设,规范土地市场秩序,改

---

[1]《习近平在全国国有企业党的建设工作会议上强调 坚持党对国有企业的领导不动摇 开创国有企业党的建设新局面》,共产党员网,2016年10月11日。

善营商环境;当选为中共中央总书记后,他领导落实"八项规定"、《中国共产党廉洁自律准则》等制度,进一步规范党员干部的行为,形成了比较完备的党内法规制度体系。坚持对违法违纪问题零容忍,"老虎""苍蝇"一起打。经过不懈努力和坚决斗争,党员干部行为得到了进一步的规范,全面从严治党成果进一步彰显。

国有国法,家有家规。治理企业,制度依据是基础,监督执纪是手段,合法合规是目的。规章制度是企业管理的基础,是合规的重要保障,更是防腐的重要防线,企业的规范运行和科学管理离不开健全的规章制度。但工作执行中往往和管理标准还存在差距和不足,主要表现在:一是纪律规矩意识不强,干部员工的廉洁意识不足;二是监督检查问题的力度和对问题治理成果的长效检查不够深入;三是锐意进取的精神不足,对新形势下的问题研究不够深入,主观能动性发挥不足。企业管理制度执行关键在"严",只有坚持"严"的主基调,让规矩严起来,才能保障规矩刚性执行。只有严明政治纪律和政治规矩,坚持依规依纪处理处置问题线索,才能营造风清气正的政治生态,推动管党治党不断向好。

聚焦隐患问题,堵塞管理漏洞,强化制度建设。企业管理要坚持以问题为导向,加强制度机制建设,以"强内控、防风险、促合规"为目标,以专责监督推动专业监督,全面加强专业管理,严格监督管控工程管理、安全生产、物资招标采购等领域管理风险,完善各专业领域制度及规范性文件,打造治理完善、经营合规、管理规范、守法诚信的法治企业。在工作中,要注重制度建设,堵塞管理漏洞,减少违规违纪违法事件发生。注重"标本兼治",在惩治腐败的同时,也要注重治本,注重预防问题发生,注重企业规章制度建设,不断将反腐的关口前移。

加强廉洁教育,补足精神之钙,树牢廉洁理念。企业管理要坚持始终把廉洁教育抓在日常、严在经常,开展廉洁文化实践活动,针对物资采购、工程分包、财务管理、项目管理等重点领域制作专题教育片。加强警示案例学习,以案为鉴,采用多种形式开展廉政教育,提升党员对党纪条规认知度,切实起到警醒、预防的作用。在"酒驾、醉驾""靠企吃企"等专项整治中强化纪律教育,督促各级干部员工深入学习并理解领会党章、党纪、党规,研讨法律法规学习体会,不断增强法纪意识,筑牢廉洁防火墙。反腐败斗争永不会停歇,在工作中,要不断加强廉政教育,通过看廉政文章、听廉政宣讲、说廉政感悟、参与廉政教育等多种形式进行廉政建设,让干部员工真正把自己"摆进去",提升廉洁意识,营造反腐倡廉氛围,切实增强抵御风险的能力。

突出监督重点,紧盯关键节点,增强监督实效。企业管理要坚持突出政治监督重点,紧盯关键节点。建立"逢节必查"与"日常抽查"双重校验机制,上下联动开展中央八项规定精神监督检查。践行"人民电业为人民"的企业宗旨,不断推动专项监督,严查小微腐败问题。聚焦安全生产、省管产业、"靠企吃企"、化公为私、影子公司、影子股东问题等专项整治工作,围绕部署开展情况、责任落实情况等开展专项监督。在工作中,只有强有力的监督检查,才能发现隐患问题;只有及时督促问题整改,强化定期检查与不定期抽查,才能确保整改成效;只有坚决杜绝重复发生同类问题,营造良好工作氛围,才能助力企业更好更快发展。

坚持实事求是,严肃执纪问责,形成强烈震慑。企业管理要坚持把纪律规矩挺在前面,严格依规依纪受理处置问题线索,从实际出发,以事实为依据准确研判,做到执纪必严、违纪必究。加强监督问责,坚持对违规违纪行为零容忍、无禁区、全覆盖;坚持抓早抓小,对苗头性、倾向性问题早教育、早提醒,使党员干部自觉主动接受监督。深化运用"四种形态",用足用好"第一种形态",妥善运用第二、第三种形态,准确运用第四种形态,保持惩治腐败高压态势。在工作中,面对问题线索,要勇于瞪眼黑脸,敢于刮骨疗毒,既要严肃查处腐败案件,又要坚持严管与厚爱结合,坚持"三个区分开来",将惩治与教育相结合,宽严相济,有效强化"不敢腐"的震慑、扎牢"不能腐"的笼子。

全面从严治党永远在路上,企业管理只有坚持真管严管,发现问题并切实推动整改,督促专业部门针对薄弱点建章立制,才能筑牢风控之堤;只有坚持敢管敢严,从严查处违规违纪违法问题,严肃处理处分问题人员,才能让纪律规矩成为"高压线";只有坚持党员干部履职尽责,擦亮党员干部忠诚的底色、守住干净的底线、强化担当的勇气,才能保障企业健康有序发展。

评论

从法制到法治,一字之差,天壤之别。法制就是各种制度纪律规矩。历史地看,有制未必有治,无制也未必无治。有制之治,是法治,无制之治,是人治。现代之治,是有制之治,是法治,是把制度纪律规矩挺在前面,让它们真正地发挥作用的治。法治既是过程,也是状态,因此需要一以贯之地坚持。企业同样是实现法治的重要领域,企业的发展需要一个相对完善的法治环境。作者在结合学习习近平总书记相关重要思想的基础上,对所在企业的法治问题进行深入思考,提出自己的见解,这无疑是一种应当给予肯定的尝试。

思想领航 悟道管理

企业管理者要有系统思维

习近平总书记在治国理政许多方面的决策和部署,都运用到了系统思维,我国在十八大以来经济社会发展所取得的一系列成绩,也充分证明了系统思维的实用性和科学性。企业管理者尤其是审计工作者,需要从企业整体治理的角度发现问题或薄弱环节,并提出审计意见,促进企业治理体系不断完善,治理能力不断提升。因此,具备系统思维具有特殊的重要性,在企业管理和审计工作过程中正确地运用系统思维,还需对其内涵进行全面的认识和科学的把握。

首先,学习系统思维要坚持整体性原则。整体与部分是相对的、辩证的,整体的功能发挥离不开部分的相互作用,因此坚持整体性原则主要是有效地把握各个部分及其之间的关联关系。习近平总书记运用系统思维的过程中特别重视其整体性和全局性。2012年12月,习近平总书记在广东考察的时候,指出:"重大改革都是牵一发而动全身的,更需要全面考量,协调推进[1]。"2017年6月,在中央全面深化改革委员会第36次会议上,习近平总书记进一步强调:"全面深化改革的过程中要把握方法,特别注意其系统性、整体

---

[1] 习近平:《论坚持全面深化改革》,中央文献出版社,2018年,第1-2页。

性、协同性。"①这些论述都体现了系统思维的整体性。企业是由各个专业部门、基层单位组成的,它们之间相互关联,都有各自的职责使命,并为企业的整体目标发挥着重要作用。工作过程中,审计工作者必须运用系统思维,坚持从公司全局、业务全链条的角度发现问题、分析问题,并深入分析问题产生的根本原因,才能找到影响企业高质量健康发展的薄弱管理环节,并向企业决策层提出治理能力提升的综合建议,真正发挥审计对于企业高质量发展的保障服务作用。

其次,学习系统思维要坚持开放性原则。改革开放这一重要国策,促进了经济和社会的高速发展,取得了举世瞩目的成绩,我国改革开放的伟大实践充分证明,所有系统与外界都是关联的,需要及时交换信息和资源,不能故步自封,否则必将导致消亡。习近平总书记谈到我们的开放"秉持的是共商共建共享原则,不是封闭的排他的,而是开放的包容的"②。今天,面对世界百年未有之大变局,我国一直坚持谋求开放的、创新的、包容的、互惠的外界关系。这些论述和实施这些国策所取得的成绩,充分证明注重系统思维开放性是必要的。随着全球产业链的发展和数字化时代的进步,企业之间更加相互依赖,作业企业管理者在工作过程中,需要运用系统思维的开放性原则,充分考虑企业所处的外部环境和形势任务,围绕企业的发展方向和中心任务,动态调整自己的工作重心。例如在审计工作中,坚持开放性原则就是要及时了解党中央和国家重大政策的要求,及时做好政策落实情况和企业经营管理情况的跟踪审计,保障国家政令畅通和企业战略落地。同时,积极与兄弟单位保持沟通,及时了解优秀经验和特色做法,不断促进审计工作转型发展,提高审计效能,为企业治理体系和治理能力现代化贡献智慧和力量。

---

① 《习近平谈治国理政》(第二卷),外文出版社,2017年,第109页。
② 《习近平新时代中国特色社会主义思想第十四讲:形成全面开放新格局》,人民网,2018年5月。

最后，学习系统思维既要整体推进又要抓住重点。任何一个政策的落实，或者一项任务的开展，都要注重"两点论"和"重点论"，在总体谋划的基础上，又要牵住"牛鼻子"，不能眉毛胡子一把抓，不分主次。习近平总书记强调"摸着石头过河和加强顶层设计是辩证统一的，推进局部的阶段性改革开放要在加强顶层设计的前提下进行，加强顶层设计要在推进局部的阶段性改革开放的基础上来谋划"。[1]这些论述说明，只有各种举措相互促进、良性互动，坚持整体推进并且抓住重点进行突破，才能形成强大的发展合力。对于企业管理者来说，面对繁重复杂的工作任务，如何统筹安排，实现整体利益最大化，就需要用到系统思维，把各项工作任务进行多层次、多方面、多维度的划分，针对影响企业战略落地的核心工作任务重点突破，同时注重各项任务的协调和整体推进，才能较好地实现目标任务，以达到系统优化的效果。

习近平总书记作为中央审计委员会主任，多次提出审计工作要从系统全局的角度出发，做好常态化的"经济体检"，发挥"治已病""防未病"作用，指出了审计工作根本的、全局的职能定位，为新形势下审计事业的发展指明了前进的方向和工作的方法。作为一名审计工作者，更应该具备系统思维能力，不断提高政治站位，在推动党中央的决策部署及时落实到位、维护经营管理秩序、服务和保障民生，以及推进党的建设等方面积极作为，发挥自己的重要作用。在实际工作过程中，不断提高审计业务能力、政策分析能力、数字化审计的综合能力，拓展发现问题的范围和深度，找到产生问题的根本原因，从全局观的角度为被审计单位提出优化提升建议，避免片面地提出建议，出现"头疼医头、脚疼医脚"的问题，做到全面促进被审计单位管理提升，发挥审计促进企业治理能力提升和治理能力现代化的咨询、服务作用。

"莫畏浮云遮望眼，风物长宜放眼量"，这句话告诉我们，只有掌握系统思维方法，善于运用系统的力量，才能克服缺点，达到目标。作为企业管理者，要具备系统思维，尤其要深入学习习近平新时代中国特色社会主义思想。

---

[1] 林进平：《改革开放必须坚持正确方法论》，《光明日报》2018年12月10日。

一是要坚持学习,做到学得深、悟得透,并且能够真信笃行。结合党史学习内容,不断学习习近平总书记在治国理政方面所运用的新理念、新思想和新战略,从中感悟其蕴含的真理力量和强大的智慧光芒。二是要坚持实践,学到了就要真正用于工作实践,不能只停留在纸上的学习与研究,要学会利用总书记系统思维方法中蕴含的理念,去解决实际工作中的难题,例如其系统思维中的系统性、针对性、实践性理念等。三是要坚持省察,坚持一日三省,在工作回顾中对照思维方法的要求,检查工作中存在的上下沟通不畅、横向配合不协调、左右联系不紧密等问题,强化自身素质管理,主动查找自己日常行为中与系统思维要求不一致的地方。并且通过增强与不同部门、不同岗位人员的联系与协同配合,努力营造一个完整、平衡且全面协调的工作系统和工作环境。

评论

习近平总书记在多次讲话中强调要坚持系统思维,运用系统思维。这是我们思考问题、解决问题的一种重要思维方法。事物发展是在空间和时间上相互联系而不是彼此孤立的,系统思维要求我们善于从整体而不是局部、善于从一定时间尺度内而不是局限于某个特定时点来思考和处理问题。系统思维有广泛的适用性,做好企业管理同样需要系统思维。作者在研读习近平总书记关于系统思维重要论述的基础上,结合自身工作经历和岗位要求,提出了在企业管理中如何坚持和贯彻系统思维的建议和对策,有一些思考成果不乏闪光点,值得在实践中进一步检验和深化。

思想领航 悟道管理

坚持"稳中求进"破解发展难题

稳中求进是我们进入新时代,适应新常态的发展思路,也是一种认知和解决问题的方法。习近平总书记在中央经济工作会议上,归纳了党的十八大以来我们在经济方面着重抓的三件大事:"第一,作出经济发展进入新常态的重大判断;第二,形成以新发展理念为指导、以供给侧结构性改革为主线的政策框架;第三,贯彻稳中求进工作总基调。"[1]稳中求进工作总基调是治国理政的重要原则,是做好经济工作的方法论,是我们对过往成功经验的深刻总结。作为一名管理者要用好这枚理论方法的"金钥匙",主动破解企业经营难题,使企业发展向高质量迈进。

第一,立足全局新形势,研判找准发力点。管理者要想用好"稳中求进"的方法,就要立足全局,充分把握内外部形势变化,在此基础上作出科学研判,精准找好发力点。"不谋全局者,不足谋一域"[2]是习近平总书记引用过的一句经典名句。其核心要义可以概括为,着眼于全局大势,坚持从大局出发

---

[1] 张来明:《坚持稳中求进工作总基调》,《人民日报》2022年01月10日。
[2] 《关于〈中共中央关于全面深化改革若干重大问题的决定〉的说明》,人民网,2013年11月16日。

谋划问题,才能做出准确判断。从1992年至2011年,我国经济增速年均保持两位数高速增长,但之后经济增速出现下行,基础设施建设和传统制造业产能过剩,急需进行结构性调整。同时国际经济格局正在深刻调整,新一轮科技和产业竞争愈演愈烈。基于国内经济结构重大调整以及国际发展环境深刻变化这两大因素共同影响,我国经济增速放缓已成必然趋势。习近平总书记基于国内外宏观经济形势进行正确分析和精准研判,提出要理性客观地对待经济高速增长转向中高速增长这个新常态,同时也指出我国发展处于重要战略机遇期可以大有作为,我国经济发展基本面总体向好,应继续坚持稳中求进工作总基调。稳的重点要放在稳住经济运行上,进的重点是深化改革开放和调整结构。①

管理者在经营策略的制定过程中,应当"因势而谋"。要做好多渠道信息的获取与分析,找出经营所面临的内外部不利因素,同时也要发掘自身的核心优势。基于"优势"和"劣势",从正反两个角度辩证地剖析问题,在充分研究后做出正确判断,准确定位企业经营面临的难题,明确破解难题的努力方向。电网企业作为大国央企可谓重任在肩。既肩负着保障国计民生的政治责任,又肩负着服务地方经济社会发展的社会责任,同时还肩负着保持经营业绩稳定增长满足企业发展需要的经济责任。天津地区经济运行稳中有进、趋势向好,但正处在产业结构调整的转型期,传统产能尤其是高耗能钢铁产业向外转移,数字经济等新兴产业聚集效应尚未完全释放,民营经济实力偏弱,商业新业态发展相对滞后,消费潜力不足,多种因素叠加导致社会用电量增长缓慢,影响了企业的营收增长水平。同时企业自身资产规模庞大,随着电网设备运行年龄增加,运维成本增长较快。受内外部因素影响,企业盈利能力增速正在放缓,企业投资能力也受到一定程度影响。如何化解不利因素,同时担好"保民生、促经济、增业绩"三副重担,是摆在我们面前一道亟待解决的难题。基于现实分析,我们面临的主要矛盾是企业的高质

---

① 盘和林:《连提25个"稳" 稳字当头 稳中求进》,央广网,2021年12月12日。

量发展要求和企业自身盈利能力不强之间的矛盾,而矛盾的主要方面则集中于用电量增长缓慢导致的营收增长乏力和资产规模庞大导致的运维成本快速增长。找准了问题的根源,就要合理地制定对策。破解这道难题的关键在于要坚持稳中求进工作总基调,一方面要增供扩销拓市场"全力开源",另一方面要降本节支提质效"多点节流",在经营管理全领域开展提质增效,稳住经营基本盘,激发发展新动能。

第二,深耕核心基本盘,守好经营生命线。要做好"稳中求进",就要聚焦"稳"字定大计①,牢牢把握发展的大局大势,充分考量企业自身优势,做强企业核心业务,守好经营发展生命线,以此巩固"稳"的基础。习近平总书记指出:"稳中求进不是无所作为,不是强力维稳、机械求稳,而是要在把握好度的前提下有所作为,恰到好处,把握好平衡,把握好时机,把握好度。"②政府工作报告全方面阐述了"稳"的含义,具体体现为在经济上稳住大盘,做好"六稳""六保"工作,确保经济平稳合理运行;在货币政策上保持稳健,支撑资本市场平稳健康发展;在房地产市场和住房保障上,要稳住地价、稳住房价、稳定预期;在农业生产上,做好稳产保供;落实"双碳"目标,要立足实际,稳扎稳打等。这些表述足以证明"稳"是各项工作的基础,当前工作应以"稳"字当头。

管理者在经营管理的过程中,应当"因势而动"。围绕企业核心业务持续发力,才能确保经营的稳健高效。电力供应是电网企业的核心业务,电量增长和电价平稳是企业稳定发展的基石,资源高效配置是企业实现稳定增长的关键,有效防范风险是企业行稳致远的保障。一要巩固经营基本盘,实现向市场要效益。以电力保供稳市场,全力保障电力供应,持续提升供电质量,稳妥有序推进电能替代。以优质服务拓市场,开拓售电市场,强化电费回收,深化"阳光业扩"服务。二要巩固电价生命线,实现向政策要效益。积

---

① 《稳字当头,稳中求进——学习贯彻中央经济工作会议精神》,新华网,2021年12月13日。

② 习近平:《在中共中央党外人士座谈会上的讲话》,人民政协网,2017年7月27日。

极争取价格政策,全力做好输配电成本监审和核价,扎实推动电价市场化改革政策全面落地。积极争取财税政策,合理统筹依法纳税和税收筹划。三要深化降本挖潜,提升资源配置能力。精益管控运维成本,集中管控资金成本,集约管控采购成本,从严管控运营成本。强化线损治理,加大稽查力度,加强反窃查违。深化精准投资,盘活存量资产,优化仓储布局。发挥电网能源配置枢纽作用,促进能源清洁低碳转型。四要深化风险防控,提升稳健经营水平。防范亏损企业风险、经营债务风险、对外投资风险、电网运行风险、网络安全风险、疫情风险。严防法律合规风险,强化内部审计监督,防范化解拖欠风险。

第三,厚植创新驱动力,点燃增长新引擎。要实现"稳中求进",还要围绕"进"字做文章,通过改革与创新培育增长的新动能,以此积蓄"进"的力量。国家经济转型升级是一个国家经济结构发生由量变到质变的过程,是促进经济健康运行的强大动力。经济转型重点离不开"改革"与"创新"两个关键词。首先要以提高供给质量为目标,深化供给侧结构性改革。其次是做好全局统筹与重点突破,在坚持全面深化改革的同时,要在重点领域和关键环节持续深入,以求破解矛盾和问题。最后要实施创新驱动发展战略,注重技术创新和商业模式创新。以上涉及改革创新的方方面面,重点在调整经济结构和深化改革开放上。

管理者在企业发展改革的过程中,应当"因势而进"。扭住"稳"的关键点后,要找准"进"的切入口,事物发展的根本动力在于内因,管理企业需要着力提升企业创新能力,加快深化改革步伐,不断提升管理质效,激活内生发展新动力。一要巩固创新主引擎,实现向科技要效益。加强关键核心技术攻关,加强新型电力系统科技攻关,做好电网安全运行科技支撑。优化科技创新中长期激励,推进科技创新成果转化,优化科技管理机制,激发职工创新活力。二要巩固产业支撑力,实现向发展要效益。提升传统产业价值创造能力,发展外部市场,拓宽业务领域。拓展新兴业务潜力,发展能效服务,做大基础资源共享运营,开拓优质充换电市场,优化省管产业布局。三要深化改革提效,提升企业治理效能。深化国企改革,深化电力改革,深化内部管理变革。四要深化精益管理,提升生产运营质效。加快现代设备管理体系建设,加快生产先进技术应用,加快基建新技术推广应用,深化投入产出效能评估。

举一纲而万目张,解一卷而众篇明。综上所述,作为管理者应灵活运用"稳中求进"的方法论。在战略层面,应结合公司实际重点抓好增收节支、科技创新、供给侧结构性改革、国企重点领域改革、重大风险防范化解、政策协调等六大方面工作。在战术层面,以提质增效"一子落",促企业经营"满盘活",达到增收拓市"广开源"、降本增效"深挖潜"、深化改革"释动能"、强身健体"抗风险"的显著效果。"稳中求进"是对经济发展规律的深刻阐释,也是对经营管理工作中思想方法和工作方法的完善和发展,只有坚持下去,才能妥善应对各种经营发展难题,才能更好肩负起党和人民赋予的政治责任、经济责任、社会责任。

评论

稳中求进在最初是作为对策选择,现在已经发展成为一种认知和解决社会发展问题的方法。稳中求进的表达方式给理解它本身留下了足够的空间。稳的是基本面、基本盘,稳的是步调、姿态。进不是冒进,不是拼速度,而是拼质量,不是简单的重复性生产,而是朝向高质量发展的坚实抬升。企业要实现稳中求进,需要踏踏实实做好各种基础工作,作者在文中对这些问题进行了初步的思考,这些思考对于作者今后在企业管理中的实践而言,毫无疑问会有很大的裨益。

\\发\展\篇\

以钉钉子精神抓落实

抓落实是管理人员必备的基本能力,也是各层级领导和管理人员最根本的工作职责。上级部署工作要求后,作为基层的干部员工,最紧迫的任务莫过于求真务实,狠抓落实。但在实际工作中,容易出现上热、中温、下冷的不良局面,实际上是缺乏"抓准""抓实""常抓""狠抓"的方式方法。

第一,以"钉钉子精神"推动工作落实,既要把住关键重点,也要以点带面,点面结合。习近平同志对抓好工作落实,一向重视有加。2006年他在任浙江省委书记时,基于对日常管理的认识及总结,在《浙江日报》发表了著名的政治短评《抓落实如敲钉子》。他指出:"抓落实就好比在墙上敲钉子:钉不到点上,钉子要打歪;钉到了点上,只钉一两下,钉子会掉下来;钉个三四下,过不久钉子仍然会松动;只有连钉七八下,这颗钉子才能牢固。"[1]习近平同志通过钉钉子的生动比喻,诠释了抓落实的关键方法,重点是通过科学的理论方法,找到事物的核心要义,明确任务的重点重心,集中精力推动工作落实,避免"撒胡椒面"小打小闹,散乱无章。要讲究科学的方法论,抓住问题的主要矛盾和矛盾的主要方面,科学统筹、通力协调,分清主次、缓急有

---

[1] 习近平:《抓落实如敲钉子》,载《之江新语》,浙江人民出版社,2013年,第241页。

序,集中力量突破重点,攻坚克难打开局面,把工作的主动权牢牢抓在手中。国网天津电力在建设天津电力"双碳"先行示范区工作方面坚持抓住重点、以点带面。通过打造示范项目,形成一批电力"双碳"工程典型示范。携手天津港建成全球首个零碳码头,区内绿电供应100%;建成国内首座多功能一体新能源汽车综合服务中心,打造国内领先的"车、桩、网"一体化服务平台;全国首个交直流柔性供能小区、全国首个0能耗建筑投入运行、滨海能源互联网综合示范区"5+5"重点工程全面建成;宝坻"一园一村"等一批示范项目取得突破性进展。通过"亮点工程"引领"多点开花",点面结合干出实效。

第二,以"钉钉子精神"推动工作落实,既要一抓到底,也要常抓不懈,持之以恒。习近平同志抓各项工作,都是一抓到底。特别是抓脱贫攻坚工作,他更是持之以恒、常抓不懈,直到取得成效。在正定,他扎身脱贫攻坚的前线,坚决摘掉正定的"贫农"帽;到了宁德,他摸索开创"弱鸟先飞"的脱贫模式。不论在基层一线,还是到省级机关,脱贫攻坚这件事始终挂在他的心上。针对扶贫这件事,习近平总书记说:"我提倡钉钉子精神,这得从我做起啊!这件事我要以钉钉子精神反反复复地去抓。"[1]"骐骥一跃,不能十步;驽马十驾,功在不舍。锲而舍之,朽木不折;锲而不舍,金石可镂。"荀子《劝学》透彻地阐述了做事情不能浅尝辄止、有始无终,而是要持之以恒善始善终,铆足劲头持之以恒。脚踏实地地扎实开展,始终保持滚石上山、爬坡过坎、逢山开路、遇水架桥的决心,坚持滴水穿石、囊萤映雪的韧劲,斗志昂扬、大刀阔斧的干劲,咬定青山不放松、撸起袖子加油干。国网天津电力在持续推进天津能源低碳绿色转型工作方面坚持常抓不懈、持之以恒,将天津北、扩建天津南特高压工程及全部500千伏工程纳入国家"十四五"电力发展规划,站在五年规划的高度及广度细分"年""月"重点任务,制定翔实节点计划,加快建设京津冀特高压双环网、有序构建"三通道、两落点"的天津电网特高压受电格局,不断提升外受电能力,为"绿电入津"提供重要通道及可靠平台。

---

[1]《近镜头"这件事我要以钉钉子精神反反复复地去抓"》,新华网,2020年6月20日。

到"十四五"末,天津电网的外受电能力整体将达1000万千瓦,其中外受绿电比重达到三分之一,有力实现天津能源的绿色低碳转型。

第三,以"钉钉子精神"推动工作落实,既要因地制宜,也要勇于探索,常抓常新。2018年,习近平总书记在庆祝改革开放40周年大会上发表重要讲话中指出:"我们要拿出抓铁有痕、踏石留印的韧劲,以钉钉子精神抓好落实,确保各项重大改革措施落到实处。我们既要敢为天下先、敢闯敢试,又要积极稳妥、蹄疾步稳,把改革发展稳定统一起来,坚持方向不变、道路不偏、力度不减,推动新时代改革开放走得更稳、走得更远。"[1]依葫芦画瓢式的工作方式极易掉进以往工作经验陷阱,导致工作裹足不前,照搬照套。要结合实际抓落实,一方面要充分领会上级领导部署决策的背景根源及实质含义,另一方面要全面摸清本层级及下一层面的基本条件及实际情况,通过纵向贯通、横向协同,将上级的决策部署充分与下层的工作实际相结合,在确保政策原则性得到保障的基础上,讲究科学性、合理性及灵活性,确保政策落实到位。国网天津电力在攻坚能源科技创新方面坚持常抓常新、勇于探索,将新型电力系统及"双碳"关键技术创新纳入公司重点工作,深度参与国网有限公司《新型电力系统源网荷储协同规划技术研究》科技项目。应对新能源大规模接入、电力系统"双高"特性、电力市场变革等形势,开展天津新能源出力特性、电磁-机电暂态仿真等14个"双碳"重点课题研究,确保公司在"双碳"建设工作中干在前沿、走在前列。

第四,以"钉钉子精神"推动工作落实,既要志存高远,也要脚踏实地,敢于担当。2019年习近平同志前往石柱土家族自治县中益乡华溪村探望马培清一家,了解他们脱贫奔小康的实际情况。他感慨道:"换了三种交通工具到这里,就是想实地了解'两不愁三保障'是不是真落地。我们在奔小康。小康不小康,关键看老乡,关键看扶贫工作做得怎么样。贫困群众脱贫最基

---

[1] 习近平:《在庆祝改革开放40周年大会上的讲话》,新华网,2018年12月18日。

本的标准,就是'两不愁三保障'。"①习近平总书记以身作则,诠释了什么是脚踏实地抓落实。国网天津电力在推进国家"双碳"目标在津率先落地方面坚持狠抓实际、脚踏实地。将天津市"碳达峰、碳中和"实施方案细化成任务清单,形成包括课题研究、专项工作、政策研究及电网项目等在内的三批923个具体项目,将任务清单分解到各委办局、各区政府,合理确定投资规模和时序,严格执行进度管控,进一步优化流程、提高效率,确保实施方案中各项重点任务件件有着落、事事有回音,助力国家"双碳"目标在津有效落地。

评 论

> "钉钉子精神"的哲学意蕴,就是在尊重客观规律的基础之上,发挥主观能动性并强调努力进取的作用。用最直白的语言来表达钉钉子精神,就是狠抓落实,持久用力,一抓到底,抓出成效。钉钉子精神普遍适用于工作落实的各个环节和各个层面。没有哪一项工作的落实可以浅尝辄止,这个道理不深奥,不难懂。因此说,要发扬好钉钉子精神,无非要有钉钉子的毅力以及钉钉子的能力,二者缺一不可。作者在领悟钉钉子精神时,紧扣习近平总书记相关重要论述,结合自己单位的具体情况,描绘出了国企如何发挥钉钉子精神。这种思考很有意义,也很有价值。

---

① 白梦洁:《将实事真正办到群众心坎上》,党建网,2020年3月27日。

\份\展\篇\

善于倾听是一种管理智慧

习近平总书记指出:"国家开展各项工作都不能脱离人民群众,应该同人民群众时刻保持紧密联系,时刻去倾听并回应人民呼声,把解决人民最关心、最直接、最现实的问题放在第一位,才能更好地把人民群众凝聚成一股绳,劲往一处使。"①在习近平总书记看来,真正的智慧源于群众。善于倾听人民的心声,问问人民群众的需求和建议,广开言路,凝民力,聚民智,才能更好地发展。

善于倾听要"以人民为中心"。习近平总书记曾说:"守江山就是守民心。"②他始终贯彻"以人民为中心"的发展理念,他一直是执行群众路线的典范。只有善于倾听,与群众交心,多听取群众的意见和建议,了解群众的需求和困难,才能切实解决问题,真正为人民做实事。

53年前,习近平同志作为知青到陕北农村插队。习近平同志曾回忆,初到黄土高原,也像许多年轻人一样迷惘、彷徨;经过了7年的知青岁月,他确

---

① 习近平:《在庆祝全国人民代表大会成立六十周年大会上讲话》,《人民日报》2014年9月6日。

② 《习近平关于以人民为中心重要论述综述》,新华网,2021年6月27日。

立了人生目标,变得坚定而自信。他时刻以人民公仆要求自己,以陕北高原为他的根,时刻不忘他"为人民做实事"的信念。①从梁家河一路走来,习近平同志时刻倾听民意,融入人民。民之所需,行之将至。

善于倾听要学会和人民群众换位思考。习近平同志回忆起知青的经历,常说他也是从农村出来的,对贫困有着切身感受。这让他总是注重换位思考、将心比心、感同身受。他与人民群众平等相待,把自己当作人民群众的一员,这样才能倾听、感受到人民群众真正的声音。

一直以来,习近平同志深入群众,与人民交心,站在人民群众的角度看问题。他掀开锅盖,了解百姓伙食;摸摸毯子,了解百姓冷暖;炕头话家常,听听人民的心声,了解日常生活和实际困难。他把人民的意见和建议听在耳里,记在心里,把解决人民的大事小事转化为党和国家下一步努力的方向。他解决的是人民最迫切的民生问题,从冬季取暖、垃圾分类到养老、住房、脱贫等,他解的是民忧,暖的是民心,聚的是民力。

善于倾听要倾听不同的声音。习近平总书记说过:"调查要实事求是,对倾听了解到的情况和问题要保持客观、全面,不能报喜不报忧,这样才能反映出最真实的情况。"②善于倾听要系统、全面、深入地去倾听,不是只听一面之词,而是客观、理性地倾听声音,有积极的也有消极的,有有益的也有无益的。通过倾听不同的声音,加以系统化、条理化地思考、甄别,开阔视野、明晰思路,取其精华、去其糟粕,了解广大人民群众的切实问题和建议,汇聚广大人民群众的智慧和力量。

善于倾听要回应不同的声音。反馈非常关键,凡事都要有回应。对于正向积极的声音,如果满足条件,就进行落实;如果不满足条件,制订计划,凝心聚力、共同努力去创造条件落实。习近平同志在梁家河时,他听到村民做饭缺柴的问题,就积极学习沼气池的技术,完成了沼气普及;他听到村民

---

① 《我是黄土地的儿子》,人民网,2018年2月16日。
② 《学习领会习近平总书记关于调查研究的重要思想》,《北京日报》2018年7月9日。

农具、日用品的需求问题,就打破常规,办了铁业社和代销店;在正定时,他听到村民的温饱问题,毅然决然向中央反映降低粮食征购指标,推行农村改革拉动经济增长;在宁德时,他更是把信访工作放到突出位置,设立"连心日"来倾听人民的呼声,还提出:"领导干部要下沉基层,倾听民声。在信访中倾听、回应人民的呼声,吸取人民群众积极的建议,使工作思路得到拓展,了解人民群众迫切的需求,使人民难题得到解决。"[①]反馈是倾听的落脚点,有反馈才能让倾听落到实处。

善于倾听,坚持"以人民为中心",了解人民群众的需求和建议,凝聚人民群众的力量和智慧,我们国家才能又快又好地发展。治国如此,企业管理也是如此,也应该善于倾听员工的心声,不断接受员工的意见和建议,凝聚员工的智慧和力量,不断提升企业的凝聚力,才能实现企业的高质量发展。

我觉得作为企业管理者,善于倾听同样重要。善于倾听是收集正确信息的关键,应该保持平等、真诚的态度去和他人交流,去倾听员工的声音,通过全面、系统、深入地听取他人的声音,并在此基础上加以分析、思考、甄别,汇聚他人的智慧和力量,才能开阔自己的思维。一个人的头脑和力量是有限的,凝聚起集体的力量才是充满无限可能性的。善于倾听只是第一步,更重要的是倾听之后的回应和落实,实现闭环管理,才能更好地提升管理水平,更好地推动企业高质量发展。

但凡做出不凡业绩的企业都善于倾听,凝心聚力。通过倾听员工的声音,从中甄别提取正向积极的声音,把那些声音转化为措施落到实处,切实提升管理水平,推动企业发展。国网公司就非常注重倾听员工的心声,通过别开生面的座谈会、一次次调研、一次次职代会,让员工表达切实的需求和对公司的希冀,而公司根据大家反映的心声,在大家的出谋划策下,既明确了工作的方向,也了解到了工作的不足。相反,如果企业管理者不善于倾听

[①] 中央党校采访实录编辑室:《习近平在宁德》,中共中央党校出版社,2020年,第117页。

员工提出的问题，放着现有问题不解决，导致企业运营存在问题，这也是一种不作为的表现；不善于倾听员工好的建议，对各种意见置之不理，会导致员工积极性下降，而公司也丧失纠偏的机会。

由此可见，善于倾听，凝心聚力，是非常有价值的。价值体现在"以人民群众为中心"的理念，换位思考的工作思路，善于倾听不同声音、回应不同声音的闭环管理方法。这些价值让企业在发展的道路上永葆生机，越走越远。

评 论

有一句话说，一个人之所以只有一张嘴，却有两个耳朵，这是因为听比说重要。作为决策者或者管理者，必须善于倾听来自不同层面的信息，在这种信息输入的基础上形成信息综合和研判，才能最终形成正确的信息输出。善于倾听不仅仅是一种工作要求，更是工作原则和方法论。真正尊重群众首创精神和成果的人，才能真正落实群众路线，才能够实现从群众中来到群众中去，才能让正确的决策变成群众自愿和自觉的行动，才能获得更大的成绩。作者的思考体现了一定的全面性，也颇有深度，值得继续挖掘和实践。

调查研究要以问题为导向

调查研究是发现问题的过程,是分析问题的依据,是最终解决问题的必经之路。调查研究一定要以问题为导向,才能做到有的放矢。从成立到今天,我们党已经走过了101年的光辉历程,我们党之所以能取得马克思主义中国化的重大理论成果,很大程度上是我们党非常重视调查研究,以它为决策的前提和依据。在学习党史的过程中,我清楚地认识到,我们党越是重视调查研究、加强并坚持调查研究,我们党所制定的指导方针、所做出的工作决策就越符合客观规律;不重视调查研究甚至忽视调查研究,往往就不能始终如一地做到实事求是,很有可能就会造成工作决策失误,给事业带来损失。

以习近平同志为核心的党中央高度重视调查研究工作。八项规定的第一位就是改进调查研究,由此可见我们党对调查研究的重视和坚持。习近平总书记多次强调调查研究的重要性,为我们做好调查研究提供了根本遵循。他调查研究的范例也成为我们学习的经典。

调查研究是一个了解情况、发现问题的过程。我们每一个人的正确思想都不是生而知之的,我们每一个人的正确思想都是来源于实践,而我们来源于实践的正确思想又是要为改善方法、改造世界服务的。调查研究从始至终贯穿于我们每一件事情。无论是制订计划还是实施对策,再到实践检验,都需要通过调查研究。必须通过充分的调查研究,我们才有可能了解事情的首尾,我们才有可能检验工作措施的效果。习近平总书记曾形象地比喻道:"调查研究就像'十月怀胎',决策就像'一朝分娩'。调查研究的过程就是科学决策的过程,千万省略不得、马虎不得。"[1]2012年至2017年的5年里,习近平总书记到基层调查研究就达到了50次、151天,纵横跨越中国版图。

调查研究是一个从群众中来到群众中去的过程。通过调查研究,我们可以了解人民群众在想什么、需要什么。这样,我们在工作中才能急群众之所急,想群众之所想,为民办实事,为民办好事。1988年,习近平同志就任宁德地委书记的时候,高度重视调查研究,持续开展近一个月的调查研究。根据调查研究发现的实际问题,习近平同志提出,闽东的工作主线应当是"摆脱贫困",是解决人民的吃饭穿衣住房问题,为下一步宁德实现跨越发展打下良好的基础。

调查研究是一个推动工作、解决问题的过程。做出一项决策后,我们一定要到人民群众中去做深入的调查研究,搞清楚问题所在才能推动工作、解决问题。习近平同志在担任浙江省委书记时,大兴调查研究之风。到温州、台州、杭州、宁波、嘉兴、绍兴等地反复调研,提出再造浙江体制机制新优势的一系列举措,着力探讨如何加快构建具有较强辐射力和凝聚力的大城市,提出以上海为中心,加快融入长三角区域经济发展步伐,在此基础上形成了"八八战略"。这个高瞻远瞩的战略从2003年贯彻至今,取得了卓著成效。

调查研究也是一个自我学习、自我提高的过程。人民群众才是真正的英雄,历史是人民群众创造的。在调查研究中,我们要敏而好学,不耻下问,虚心求教,做群众的学生,做群众的朋友。习近平总书记一直高度重视调查研究工作,多次强调"调查研究是谋事之基、成事之道。没有调查,就没有发言权,更没有决策权"[2],并一以贯之地躬行调研,以上率下。

---

[1] 习近平:《调查研究就像"十月怀胎"》,《浙江日报》2005年8月26日。
[2] 习近平:《在党的十九届一中全会上的讲话》,共产党员网,2017年10月25日。

当前我们正处在一个快速变化的时代,要适应快速变化发展的时代特征,我们就要进一步深化调查研究工作,就必须在新的历史时期、新的发展阶段,积极探索调查研究工作的时代特点和基本规律,使我们的调查研究更加具有针对性、科学性,不断改进和完善调查研究工作,重视调查研究工作的成果,实现调查研究成果的转化,从而把调查研究工作真正作为我们发现问题、了解情况的过程、一个深入群众,为民服务的过程,一个解决问题、推动工作的过程,一个在实践中自我学习、自我提高的过程。

评 论

习近平总书记多次强调调查研究的重要性,为我们做好调查研究提供了根本遵循。他调查研究的范例也成为我们学习的经典。调查研究理论上可以分为务实和务虚两种,但是不管务实还是务虚,调查研究都要有其目的,即必须有的放矢,不存在或者不应当存在只为了调查而调查。因此,调查预设的目的就具有了重大的意义,当然这个目的可随着调查研究过程的开展而调整和丰富、完善。作者提出以问题为导向的调查研究,抓住了问题的实质,同时作者还为以问题为导向做好调查研究给出了若干建议和参考方法,为我们对这一问题的继续探索增加了一些可能。

思想领航 悟道管理

数字化转型助力企业提质增效

当今世界正经历百年未有之大变局,新一轮产业革命方兴未艾,新一代的数字技术正不断地在数字化、网络化、智能化的方向上取得突破。世界在信息浪潮推动下进入数字化时代。数字经济体系呈蓬勃发展趋势,各行各业都面临着数字化生存的考验。

生产力发展是人类社会发展的根本动力。放眼整个人类世界,人们会发现每一次科技革命以及由此带来的产业变革,会触发人类社会生产方式乃至于世界格局发生剧变。随着数字时代的到来,人们再次认识到,技术是最重要的生产力。习近平总书记曾多次强调到数字化转型全面进入世界经济体系是大势所趋,人类社会都将被新技术革命重塑。如何才能跟得上时代,实现跟跑、并跑到领跑的跨越,是每一个相信科技力量的人必须思考的问题。

习近平同志在担任福建省省长时,曾接到"建设数字福建"的建议。习近平同志以渊博的学识、敏锐的眼光就"建设数字福建"的提案做出了长篇论述,赞同"数字福建"提案中所提的计划和建议。习近平同志一直倡导以人为本,提出并推动"数字福建"走进群众、走进民生、走进社会,让更多的人共享数字化福建的红利。

我们知道,对企业而言,数字化转型是以为企业员工、顾客和上游合作商持续创造价值,以数字化为动力,促进经营模式、全面数字化的转变,包括商业过程和机构结构。数字化转型必须以驱动高质量发展、满足人的需求为目的。创新的需要来源于人,发展的目的也是为人服务。能源电力是服务经济社会发展的重要支柱,是推动实体经济数字化转型的主战场,国家电网有限公司处于能源电力的关键枢纽环节,必须抓住机遇,以满足人民用电需求为目的,为电网领域数字化转型提速,转换电力发展方式、驱动生产模式和管理形态的变革,促进电力供求更平衡、资源配置更优化。电网企业高质量发展,必须走以"人"为本的数字化转型之路,以数字技术为驱动,助力企业生态、业务模式和治理形态的变革。

数字化转型要以生产工具革命为"人"赋能。习近平在浙江视察时指出:"我们要把握数字工业化所产生的新机遇,加快5G网络、数字中心等新基建,加快数字经济、生命健康、新材料等新兴产业的布局;在未来,我们要加强技术创新,发展新的经济增长点,不断增强发展的活力。"[①]5G来临,万物互联的时代来临,在应用上,因其用途而异;逐步向"大开放""小而美"方向发展:一是大开放。针对中台,采用的是一个完全封闭的系统,它必然会朝着更多的开放和整合外部更多的资源,让更多的人能够分享自己的力量,并处理技术上的不平等。二是小巧玲珑。针对小规模的、规范化的应用程序,正朝着丰富化、模块化、插即用的发展趋势,可以很好地解决用户的具体要求。另外,数据的维度,可靠性、真实性的日益提高,也促使技术上的发展,从源头上对数据的品质进行监控。算法和人脑一样,决定着数据的挖掘程度。随着人类对数字技术的掌控,人类和工具之间的相互作用越来越强,预测的费用也越来越少,而预测的成本也越来越低。

---

① 习近平:《在浙江考察时的讲话》,中国经济网,2020年4月15日。

国网天津市电力公司根据数字新基建战略,强化人才转型,以数字新技术推动传统电网向能源互联网升级。一是"壮筋骨"。培养数据人才,建强数据中心,构建共享平台,提升数据承载力,让承载海量数据流的"筋骨"强壮起来。二是"强末梢"。培养物联人才,打造全时、全域、全链、全客户状态精准感知体系,部署推进电力物联网建设。三是"疏经络"。培养网络人才,畅通数据传输"主动脉",是实现"万物互联"的基础。四是"健脑力"。培养智能人才,搭建智能平台,提升数据计算力,打造企业大脑,实现海量能源数据高效"解码"。

数字化转型要以劳动成果革命为"人"增值,习近平总书记在亚太经济合作组织(APEC)第26届首脑非正式会议上发言时说:"中国正在大力推动'数字中国'建设,在'互联网+'以及在人工智能方面也有许多创新成果。共享经济、网络零售、移动支付等新技术、新形态不断涌现,对中国民众的生活产生了深远的影响。"[①]公司的网上订货不能满足顾客对商品的需要,顾客的需要永远是有限的,而顾客对服务与经验的需要则没有时间、空间的约束,存在着互动、个性化等多维度的需要。随着数字技术的发展,服务产品化也逐渐成为一种重要的发展趋势,在传统运输汽车业中起到了杠杆作用。

国网天津市电力公司秉承"人民电业为人民"的宗旨,不断深化客户服务,以服务数字化为智慧城市发展充电赋能。一是以电力能源数据洞悉经济活力,为政府决策"赋能"。深挖电力大数据"富矿",以行业用电探知经济活力,以电量差异观察民生百态,支撑社会治理更加精准、更具预见性。二是以"互联网+"服务优化营商环境,为城市发展"赋能"。构建"强前端、大后台"服务体系,实行线上服务"一网通办"、线下服务"一窗办理",为用户提供"不出门、不接触、不停电"服务体验。

数字化转型要以生产关系革命为"人"提效,习近平总书记在全国网络

---

① 习近平:《把握时代机遇 共谋亚太繁荣》,央广网,2018年11月19日。

安全和信息化工作会议上指出:"要加快数字经济的发展,要加快数字工业化的步伐;以信息化为动力、以新的工业和新的方式,促进新的经济增长。要推动工业的数字化,利用新的信息技术和新的应用,从全要素、全角度、全链条上进行创新,提升全要素生产率,发挥数字对经济发展的放大、叠加、倍增作用。"[1]标准化、简易的工作逐渐被机器人与智能分析软件共同承担,而在机构中留下的都是拥有强大数字技术和精密判断的高级雇员,而在企业中,由于精英的存在,企业内部的运行将更加有效地整合起来。由于生态化的趋势,以及平台内外协作的特点,各个不同的人就能形成跨地域、专业的合作关系。而数据智能化决策则是一种更加客观、公正、高效的决策方式,能够将决策的权力下放给基层员工,并能够迅速检验决策的精确度,及时反馈信息,支持数字流程能够不断地进行迭代和优化。

国网天津市电力公司积极争取做实现战略转型的先行者,在能源数字化方面进行了大胆的探索,并取得了新的突破。习近平总书记于2019年1月17号在天津考察时,高度评价了智能电网建设和其他方面的工作,勉励大家"继续努力、再创新高",更加坚定了我们以数字化赋能电网智慧化升级的信心和决心,加快推动组织变革,以运营数字化加快打造具有全球竞争力的国际领先企业。一是推进生产数字化,打造"无人"电网。以数据、算法、算力"三驾马车"强力牵引电网智能化发展,推动工作的意义从"劳动"向"创造"升级。二是推进管理数字化,身处百年未有之大变局,"敏捷"是育新机、开新局的关键,我们坚持"双向发力"打造敏捷组织。

无论国家治理改革,数字城市、数字中国建设,还是企业数字化转型发展,我们都要长远规划,以"人"为本考虑需求,聚焦赋能、减负、创新、提效,切实解决数字技术发展不平衡不充分的矛盾。

---

[1] 习近平:《汇聚起建设网络强国的磅礴力量》,新华网,2018年4月22日。

思想领航 悟道管理

评 论

  人类社会发展的最终物质动力,是生产力的发展。纵观人类社会发展史,人们会发现每一次科技革命以及由此带来的产业变革,都会触发人类社会生产方式乃至于世界格局发生剧变。随着数字时代的到来,人类再一次感受到科技是第一生产力的伟力。正如习近平总书记指出的那样,世界经济数字化转型是大势所趋,新的工业革命将深刻重塑人类社会。如何跟上时代进而领跑这个时代,是每一个相信科技力量的人必须思考的问题。作者结合数字化转型的世界趋势、我国国策、电力行业特征,分析了公司实现数字化转型的方向和举措,我们在欣赏作者所做思考的同时,也要深刻地认识到,我们面临的是一个刚刚开启的数字化转型的时代。

后记

一本散发着油墨清香的书籍,承载着国网天津电力第三期青年马克思主义者培养工程全体学员的辛勤汗水,渗透着科学系统的培养模式,凝聚着理论学习成果和实践探索经验。

在这一年里,我们穿越时空倾听历史的回响,重温经典感悟真理的力量,碰撞思想迸发激情的活力。寒来暑往,在天津团市委、国家电网公司团委的殷切关怀下,在国网天津电力党委的坚强领导下,中央党校、天津市委党校、南开大学、天津大学、天津师范大学等高校名师名家倾心教学,我们的思想得到了洗礼、精神得到了淬炼、理论得到了提升,我们的足迹遍及觉悟社、周恩来邓颖超纪念馆等天津各大红色阵地,我们的汗水洒遍"双碳"落地、电力保供及改革攻坚一线。

《思想领航 悟道管理》这本书的孕育诞生比想象中要艰辛得多,也要有趣得多。在很多人眼中,写书是一件遥不可及的事,在我们眼中亦是。我们读原著、学原文、悟原理,通读、复习、研究全年学习的知识点,碎片化的知识在书写过程中得到了整合。经过数十次的集体研讨和分组讨论,从选题到立论,从标题到全篇,从理论到政策,从观点到材料,从布局谋篇到层次结构,从引语数字到标点符号,都经历了数次细心掂量和仔细推敲。

这本书汇集了我们每位青马学员的一篇文章,聚焦思政、战略、担当、人才、发展5个方面悟道管理,在理论研究和实践应用方面提出我们的思考。这些文章题材多样、风格迥异、相得益彰、竞相争辉,结合我们所在不同单位、不同岗位的管理实例,锤炼观点、斟酌语句、谋篇布局,力求能使读者在实际管理工作中借鉴一二。

本书在编写过程中,离不开李统焕、彭词、孙宏亮、常安、韩晨曦、何继东、李盈枝、王美茹等同志的辛苦付出,在此一并致以诚挚的谢意。限于作者的经验和水平,本书不妥之处在所难免,敬请广大读者批评指正。

新征程、新使命、新作为、新担当,我们必将坚定信念、紧跟党走,与党同心、跟党奋斗,争做党殷切期待、祖国和人民殷切期待的"先锋分子",在实现民族复兴的赛道上奋勇争先。

本书编写组
2022年9月